KB179881

감정 읽기 리아 타로

감정 읽기 리아 타로

김리아 지음

이야기공간

시작하며 : 짚고 가는 타로 상식

✦ 모두 연결되어 있는 타로 78장   8
✦ 실전 타로에서 중요한 8가지   10
✦ 메이저 카드 이야기   13
✦ 마이너 카드 이야기(원소 컵)   18
✦ 메이저 카드 수비학 이야기   23
✦ 메이저와 마이너 카드 숫자 이야기   24
✦ 코트(인물) 카드 이야기   25
✦ 타로 Q&A 10   26

제1부 인물 읽기 리아 타로 : 이론 이해

메이저 카드 22장

✦ 0번 광대(바보)   32
✦ 1번 마법사   34
✦ 2번 여사제   36
✦ 3번 여황제   38
✦ 4번 황제   40
✦ 5번 교황   42
✦ 6번 연인   44
✦ 7번 전차   46
✦ 8번 힘   48
✦ 9번 은둔자   50
✦ 10번 운명의 수레바퀴   52

✦ 11번 정의   54
✦ 12번 매달린 남자   56
✦ 13번 죽음   58
✦ 14번 절제   60
✦ 15번 악마   62
✦ 16번 탑   64
✦ 17번 별   66
✦ 18번 달   68
✦ 19번 태양   70
✦ 20번 심판   72
✦ 21번 세계   74

코트(인물) 카드 16장

✧ 컵 왕	76	✧ 컵 기사	92
✧ 지팡이 왕	78	✧ 지팡이 기사	94
✧ 검 왕	80	✧ 검 기사	96
✧ 펜타클 왕	82	✧ 펜타클 기사	98
✧ 컵 여왕	84	✧ 컵 시종	100
✧ 지팡이 여왕	86	✧ 지팡이 시종	102
✧ 검 여왕	88	✧ 검 시종	104
✧ 펜타클 여왕	90	✧ 펜타클 시종	106

마이너 원소 카드 40장

✧ 컵 에이스	108	✧ 컵 6번	148
✧ 지팡이 에이스	110	✧ 지팡이 6번	150
✧ 검 에이스	112	✧ 검 6번	152
✧ 펜타클 에이스	114	✧ 펜타클 6번	154
✧ 컵 2번	116	✧ 컵 7번	156
✧ 지팡이 2번	118	✧ 지팡이 7번	158
✧ 검 2번	120	✧ 검 7번	160
✧ 펜타클 2번	122	✧ 펜타클 7번	162
✧ 컵 3번	124	✧ 컵 8번	164
✧ 지팡이 3번	126	✧ 지팡이 8번	166
✧ 검 3번	128	✧ 검 8번	168
✧ 펜타클 3번	130	✧ 펜타클 8번	170
✧ 컵 4번	132	✧ 컵 9번	172
✧ 지팡이 4번	134	✧ 지팡이 9번	174
✧ 검 4번	136	✧ 검 9번	176
✧ 펜타클 4번	138	✧ 펜타클 9번	178
✧ 컵 5번	140	✧ 컵 10번	180
✧ 지팡이 5번	142	✧ 지팡이 10번	182
✧ 검 5번	144	✧ 검 10번	184
✧ 펜타클 5번	146	✧ 펜타클 10번	186

차례

제2부 감정 읽기 리아 타로 : 실전 사례

제1장 결과 배열법   190
✧ 수상할 수 있을까?   192
✧ 승진 후보자인 경쟁자가 승진할 수 있을까?   194
✧ 퇴사할 수 있을까?   195
✧ 현재 부서와 다른 부서 중 어디로 가게 될까?   196
✧ 필기시험에 합격할까?   198
✧ 타로 실력은?   200
✧ 현재의 건강 상태   202
✧ 청구한 보험금을 다 받을 수 있을까?   203
✧ 헤어질 수 있을까?   205
✧ 그 사람과의 만남이 도움이 될까?   207
✧ 이혼과 관련한 조언   209
✧ 배우자가 바람피우고 있을까?   213
✧ 하루 운세   215

제2장 흐름 배열법   216
✧ 남편의 현재 상황   217
✧ 신청한 희망 근무지로 발령이 날까?   218
✧ 지인과 타로 상점 운영이나 상담을 잘할 수 있을까?   220
✧ 태아가 건강하게 잘 있을까?   222
✧ 결혼할까?   224
✧ 동업자와의 관계가 어떻게 진행될까?   226
✧ 원하는 금액으로 합의가 이루어질까?   228
✧ 자격증 시험에 합격할까?   230

제3장 과정과 결과 배열법   232

✧ 보험금 지급 금액이 어느 쪽으로 결정될까?   233
✧ 그 사람과의 만남이 계속 이어질까?   235
✧ 3개월 안에 결혼할 수 있을까?   237
✧ 정말 헤어졌을까?   239

제4장 양자택일 배열법   242

✧ 전세, 매매 어느 쪽이 좋을까?   243
✧ 기숙사, 집 어느 쪽이 좋을까?   245
✧ 어느 학원이 좋을까?   247

제5장 말발굽 배열법   250

✧ 애인이 나에게 금전적인 도움을 주나?   252
✧ 이직할 수 있을까?   254
✧ 이혼할 수 있을까?   256

제6장 매직 세븐 배열법   258

✧ 전교 1등이 가능할까?   260
✧ 공증을 쓸 수 있을까?   263
✧ 이직하면 원하는 조건으로 계약이 될까?   266
✧ 남편이 승진할 수 있을까?   269

제7장 상호관계 배열법   272

✧ 이십 대 딸과의 관계   275
✧ 여동생과의 관계   279
✧ 대학생 아들과의 관계   282

제8장 켈틱 크로스 배열법   286

✧ C회사의 주식을 사면 성공할까?   289
✧ 전화 상담을 계속할까?   292

끝내며 : 저자의 말   296

모두 연결되어 있는 타로 78장

타로는 도안자의 사상, 종교적 관점, 철학을 바탕에 두고 신화와 역사의 이야기로 이루어져 있다. 종교적 비판의 의미와 그리스·로마 신화의 인물들이 숨어 있기도 하다.

처음 타로 공부를 할 때 키워드와 이미지 위주로 외우거나, 가르치는 강사의 작위적이고 주관적인 생각을 배우게 되면 첫 단추를 잘못 끼울 수 있다. 타로 도안자가 밝히는 상징적인 의미와 수비학, 담고 있는 이야기, 메이저 카드와 마이너 카드의 연관성, 그리고 그림에서 표현하고자 하는 의미를 올바르게 알아야 한다.

78장의 카드 중 메이저 카드는 0번부터 21번까지 숫자와 제목, 그림으로 카드를 설명하며 22장이다.

코트(인물) 카드는 왕, 여왕, 기사, 시종 네 개의 계급에 4원소(물, 불, 흙, 공기)를 대입했다. 제목과 그림으로 인물의 성향을 설명하며 16장이다.

마이너 카드는 에이스(ACE)로 표시된 1번부터 10번까지 4원소를 대입했다. 원소와 숫자, 그림으로 카드를 설명하며 40장이다. 마이너 카드는 코트(인물) 카드를 포함해 총 56장으로 구성되어 있다.

메이저(major)는 '큼, 주요한, 중대한' 의미가 있다. 마이너(minor)는

'작음'을 뜻하는 라틴어 미노르(minor)에서 유래하며, '큼'을 뜻하는 메이저(major)의 반대말이다.

메이저 카드는 큰 흐름을 담고 있으며, 마이너 카드에 비해 기운이 강하다. 수비학적 개념을 반영하기 위해 숫자를 부여했으며, 숫자의 배열이 중요하다. 메이저 카드와 마이너 카드의 숫자는 연결되어 있다. 메이저 카드에 해당하는 숫자를 마이너 카드에서 구체적으로 설명하며 좀 더 세세하고 가벼운 이야기를 담고 있다. 그래서 메이저 카드에 지나치게 집중하는 경우가 있다.

어떤 질문에서든지 메이저 카드가 나오기만 하면 무조건 좋을까? 그렇지 않다. 긍정과 부정의 갈림이 있기 때문이다. 원하는 것을 이루고 싶은 질문일 때 긍정 의미가 강한 메이저 카드가 뽑히면 더없이 좋을 것이다. 그러나 부정 의미가 강한 메이저 카드가 뽑히면 어떨까?

예를 들어 원소 펜타클(흙)을 결실과 연결할 수 있다. 펜타클 원소가 있는 타로는 모두 결실과 연결하면 될까? 그렇지 않다. 펜타클 원소가 부여된 타로에도 긍정과 부정의 갈림이 있기 때문이다.

"재물운이 좋을까요?"라는 질문에 펜타클 원소가 있는 긍정 의미의 카드가 뽑히면 더없이 좋을 것이다. 그러나 펜타클 원소가 있는 부정 의미의 카드가 뽑히면 재물운이 좋지 않다. 이처럼 모든 내용이 하나로만 연결되지 않으며 카드 의미 또한 한 가지만 있지 않다. 그러므로 해석할 때 고민이 필요하다.

실전 타로에서 중요한 8가지

대부분 후기 확인의 중요성에 대해 말하지 않는다. 왜일까? 타로는 참고삼아 뽑아볼 뿐 선택은 자신의 몫이기에 중요하지 않다고 생각한다. 물론 다양한 해석이 가능하기 때문에 맞다, 틀리다에 연연하기보다 경험을 많이 쌓는 것이 우선일 수 있다. 하지만 정말 그럴까? 해석의 방향만 있고 후기가 없는 사례는 반쪽에 불과하다.

우리는 후기를 통해 오류를 점검해야 한다. 일반적으로 50퍼센트의 확률은 타로를 사용하지 않아도 가능하다. 적어도 타로를 통해 이야기하고 싶다면 더 높은 확률이어야 하지 않을까?

타로에 묻고 답할 때 주의할 점

첫 번째, '구체적인 내용 전달'이 우선되어야 한다.

두 번째, 내담자의 '질문 의도'를 파악해야 한다.

예를 들어 "이혼할 수 있나요?"라는 질문일 때 이혼을 원하는가? 아니면 이혼을 원하지 않는데, 이혼하게 될까 봐 걱정하는 것인가? 그에 따라 상담 내용과 추가 질문이 달라진다.

세 번째, 타로를 뽑는 이가 누구든지 치우친 생각으로 뽑아서는 안 된다. 내담자의 감정이 혼란스러울 때는 타로 마스터가 대신 뽑기도 한다. 특히 자신의 것(자점)을 뽑을 때는 마음이 편안해질 때까지 기다려야 한다. 그렇지 않을 때는 지인에게 뽑아달라고 부탁하는 것이 낫다.

네 번째, 타로를 믿을 수 없는 것이 아니라 해석을 잘못한 것이다. 배열의 개념을 정확히 알고 사용해야 한다. 타로 한 장 한 장마다 내용을 이해하고, 연결된 의미를 파악해서 전체를 볼 수 있어야 한다. 그에 따른 해석에는 분명한 차이가 있다. 타로는 아는 만큼 보이고 읽을 수 있다.

다섯 번째, 타로를 해석할 때 주관적인 생각을 반영하지 않아야 한다. 순수하게 타로가 말하는 의미를 이해하고, 담고 있는 이야기를 합리적으로 리딩해야 한다.

여섯 번째, 리딩할 때는 신중해야 하고, 상담 후에는 후기를 꼭 확인하는 노력이 필요하다. 후기를 확인할 수 없을 때는 어쩔 수 없지만, 가족이나 지인의 경우에는 메모해 두었다가 확인하는 습관을 들여야 한다. 해석과 결과가 다를 경우 나의 실수를 인정해야 한다. 한 장의 카드에 하나의 답만 있는 게 아니다. 놓친 부분은 없는지, 어디서 잘못됐는지 짚어보며 오류를 줄여나가야 한다.

일곱 번째, 소소한 문제에서 큰 걱정거리까지 어느 것 하나 스스로 결정하지 못하고 모두 타로에만 묻고 의존한다면 내 인생, 내 삶의 주도권은 내가 아닌 타로에 내주게 된다. 여러분의 주체적인 삶을 포기하지 않기를 바란다.

마지막으로, 학문의 깊이와 배움에 끝이 없다는 것을 알게 되면서 겸손을 배웠다. 타로 앞에서는 늘 겸손해진다. 이론을 바탕으로 학문적인 접근을 하지만 미래를 예측하는 일은 여전히 어렵고 조심스럽다. 그럼에도 불구하고 《감정 읽기 리아 타로》라는 제목을 내세운 이유는 마음을 헤아리고 공감하는 소통에 있어서 자신 있었기 때문이다. 여러분이 살면서 직접 부딪쳐온 사연, 타로가 연결해준 많은 사람과 소통한 경험이야말로 가장 훌륭한 스승이라는 사실을 잊지 말길 바란다.

메이저 카드 이야기

0번 광대(바보) ✦ 여행자의 의무

사람들에게 웃음을 전달하고, 자유로운 영혼이 가진 새로운 눈으로 세상을 살핀다. 0번 광대는 최소한의 준비로 인생을 여행하면서 제일 먼저 신과 같은 마법사에서 세계까지 경험치를 텅 빈 그릇에 차곡차곡 채워 나간다.

1번 마법사 ✦ 창조, 그리고 새로운 시작의 의무
광대가 신을 만나다.

4원소를 사용하여 위대한 창조를 시작한다. 1번 마법사에게서 새롭게 만드는 창조적 시작과 새로운 경험을 한다.

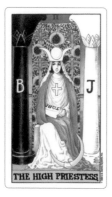

2번 여사제 ✦ 신의 전달자로서의 의무
광대가 일반 여성이 아닌 비밀스러운 교회의 수장인 여사제를 만나다.

고결하고 순결한 임무를 지니고 신의 비밀을 전승한다. 토라(율법)를 부여받아 세상에서 가장 신성하고 무거운 책임감이 따른다. 2번 여사제에서 지식과 지혜, 진리를 추구하며 치우치지 않게 세상을 바라보려는 책임감과 중압감을 경험한다. 그리고 화합과 갈등을 통해 인간관계가 시작된다.

3번 여황제 ✦ 생육하고 번성의 의무(잉태)
광대가 인류의 시작인 만인의 연인을 만나다.

3번 여황제에서 나와 자식의 물질적 풍요를 추구하고, 자식에 대한 소유욕을 경험한다. 3번 여황제가 4번 황제보다 앞의 번호를 부여받은 이유는 생명의 씨앗보다 생명의 근간을 이루는 '성배' 즉 자궁이 더 중요한 역할을 하기 때문이다. (컵▶성배) 인류는 여성으로부터 시작된다.

4번 황제 ✦ 통솔력 있는 권력자로서 생육 의무
광대가 씨앗을 퍼트려 생육하고 번성하기 위한 남자를 만나다.

4번 황제에서 물질적 세상의 권력자로 내가 곧 법이라는 통제의 경험을 한다.

5번 교황 ✧ 매개자의 의무
광대가 타락하고 부패한 교회의 수장을 만나다.

5번 교황에서 3번 여황제와 4번 황제의 만남을 연결하여 생육과 번성을 책임지는 경험을 한다. 5번 교황이 2번 여사제보다 뒤에 번호를 부여받은 이유는 신의 전달자임에도 불구하고 세속적 권력자인 황제와 타협했기 때문이다. 부패하고 타락한 교황은 물질적 힘 뒤로 물러나 하늘의 권위를 땅으로 떨어트리는 계기를 만들었다.

6번 연인
✧ 생육하고 번성하기 위한 음양합일의 의무
광대가 아담과 이브를 만나다.

6번 연인에서 뱀의 유혹으로 선악과 열매를 먹고 육체의 매력을 경험한다. 5번 교황에서는 필요에 의해서 맺어진 갈등을 상징한다면, 6번 연인에서는 사랑으로 맺어진 화합을 상징한다.

7번 전차 ✧ 부양하기 위한 의무
광대가 생활력이 강한 전차의 인물을 만나다.

7번 전차에서 부양가족을 먹여 살리기 위해 수단과 방법을 가리지 않고 돈을 벌어야 하는 삶의 무게를 짊어지는 경험을 한다. 앞만 보고 달리는 미성숙함이 있다.

8번 힘 ✦ 스스로를 다스리는 의무
광대가 지혜의 여성 마법사(소피아 여신)**를 만나다.**

8번 힘에서 7번 전차 인물의 '미성숙함'에 대해 생각한다. 인내심과 강한 신념, 소통의 능력으로 미성숙함을 스스로 다스리는 내면의 힘을 경험한다. 그 영적인 힘은 양심적이고 도덕적이다.

9번 은둔자
✦ '세상에 머물라. 그러나 속하지는 말라' 의무
광대가 예언자가 아닌 은둔자를 만나다.

9번 은둔자에서 신의 전달자로 신이 사랑하는 완성형 인간을 경험한다. 그 삶의 길은 외롭고 고달플 것이다.

10번 운명의 수레바퀴
✦ 경험을 바탕으로 한 새로운 시작의 의무
광대가 공부하는 천사들을 만나다.

10번 운명의 수레바퀴에서 9번 은둔자까지의 경험치를 바탕으로 인생의 전환점을 맞이한다. 새로운 경험을 시작한다.

메이저 카드 0번부터 10번까지의 흐름

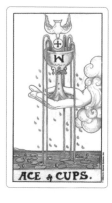

컵 에이스

나의 마음이 열리기 시작한다. 화합인지 갈등인지에 따라 갈림이 생긴다.

컵 2번

너와 내가 소통하기 시작한다. 컵 에이스가 혼자였다면 컵 2번에서는 너와 나 복수의 개념이다.

컵 3번

우리를 넘어 모두가 의기투합한다. 정서적 유대감을 느끼는 설렘의 극대화이다.

컵 4번

설렘이 사라지고 감정의 안정화가 권태기를 불러온다.

컵 5번

권태기가 길어지면서 실망과 좌절을 경험한다.

컵 6번

회상 카드로 컵 5번에서 서 있는 컵 두 개의 희망으로 과거의 상처는 치유되고 아련한 추억이 된다. 과거와 연결된 부분이 현실에 도움을 준다.

컵 7번

과거에 얽매여 현재가 만족스럽지 않기에 자꾸 욕심이 생긴다.

컵 8번

컵 7번의 욕심이 현실적으로 다 이루어질 수 없다. 부정적인 마음이 생겨 미련을 남긴 채 뒤돌아 떠난다.

컵 9번

되돌아와서 욕심을 버린다. 현재 나만의 만족을 느끼고 자신감이 생긴다.

컵 10번

나만의 만족을 넘어 우리의 행복으로 확장된다. 종교적으로 이야기하면 가정의 평화와 행복을 무지개 증표로 보이시며 약속한 신의 언약이다. 그 밖에 질문을 했을 때 하늘 높이 떠 있는 무지개에 걸친 컵 10처럼 이상이 너무 높아서 현실성이 떨어진다.

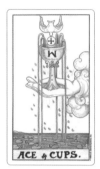

마이너 카드 컵 에이스부터 컵 10번까지의 흐름

메이저 카드 수비학 이야기

4번 황제

빼앗은 왕위.
영원할 것 같은 권력.

13번 죽음

왕의 죽음.
영원한 권력도 영원한 삶도 없다.
살아 있는 모든 것은 죽기 마련이며
인간의 시간은 유한적이다.

4번 황제 = 13(1+3)번 죽음
연결점 ◇ 시간은 유한적

물려받은 왕위가 아니라 반란으로 빼앗은 황제를 죽음 카드와 연결해
반란 실패에 의한 죽음으로 생각하는 사람들이 있다.
그렇게 되면 반역자일 뿐 황제라 칭할 수 없다.

메이저와 마이너 카드 숫자 이야기

4번 황제 – 왕위를 빼앗고 주위를 경계하는 황제.

지팡이 4번	**펜타클 4번**	**컵 4번**	**검 4번**
반란에 성공하여 연회를 연다.	나라 안의 모든 것은 다 내 것이라는 소유욕.	반란에 성공했지만 그 이후에 마음대로 하지 못하는 무기력한 감정.	권력의 균형이 깨져 뒷방 늙은이로 물러나다.

코트(인물) 카드 이야기

펜타클 왕

장점 손해 안 보기 위해 신중하며 이해타산이 가장 빠르다. 문제 상황이나 관심 가는 일은 더 꼼꼼하게 살핀다. 돈 문제, 현실 문제를 안정적으로 잘 다루는 인물이다. 계산이 정확하고 실수가 적으며 치밀하다. 그렇다고 무조건 돈이 많을까? 모든 질문을 부유함으로만 연결하면 오류를 낳는다. 재산의 규모가 수치상으로 풍족한 사람도 있고, 그리 넉넉하지 않은 사람도 있다. 부유함과 관계없이 우리는 때때로 펜타클 왕의 성향이 나타나기도 한다.

단점 자신의 쾌락과 만족이 최우선이다. 좋을 때는 잘 베풀지만 만족하지 못하거나 싫어지면 다시 뺏는다. 지나치게 계산적이고 이기적인 모습이라 인간미를 찾기 어렵다. 성격이나 취향을 맞추기 어렵고 조건도 까다롭다. 가장 안타까운 건 지나치게 계산하고 따지다 오히려 손해를 보기도 한다. 제 발등을 제가 찍는다.

타로 Q&A 10

Q1.

타로를 사면 '공(空) 카드' 2장이 들어 있는데 어떻게 활용하나요?

78장 중 잃어버린 카드가 있을 때 그 카드를 대신해서 같은 의미로 사용할 수 있다. 또는 78장+2장을 합해서 한자 '빌 공(空)'의 뜻을 살려 질문에 '의미 없다, 혹은 부질없다'로 답할 수 있다.

Q2.

리아 타로에는 왜 역방향이 없나요?

보통 역방향은 부정의 의미로 해석한다. 예를 들어 정방향으로 '사랑'이라는 의미를 담고 있는 카드가 역방향으로 뽑히면 '이별'로 해석한다. 맞을 때도 있지만, 모든 카드를 반대로 해석할 수 없을뿐더러 오류가 생길 수 있다. 역방향의 사용 여부는 여러분의 선택이다. 중요한 것은 정방향으로 뽑혔더라도 주변 카드와 연결해서 부정 의미 (역방향)로 해석할 수 있어야 한다는 것이다. 그리고 배열법 중 '문제점 자리'에서는 어떤 카드가 뽑히더라도 부정으로 읽는다.

Q3.
리아 타로에서 '감정 읽기'를
강조하는 이유는 무엇인가요?

타로는 단순히 미래를 점치고 끝나는 게 아니다.
타로는 내담자가 왜 이 질문을 하는지 이해하는 것에서
부터 출발한다. 내담자의 한마디 한마디에 귀 기울이는
충분한 소통과 믿음이 있어야 꼭 필요한 조언도
할 수 있다. 감정을 읽고 공감하는 것이야말로
타로 상담의 기본이라 할 수 있다.

Q4.
타로로 심리를 읽을 수 있나요?

78장 모두 내담자의 마음을 들여다볼 수 있을
정도로, 타로의 심리 파악은 정말 뛰어나다.
다만, 타로는 아는 만큼만 보이기 때문에
온전한 배움이 뒷받침되어야 한다. 불안할수록
뽑히는 카드 역시 그 마음을 그대로 보여준다.
갈등과 스트레스, 불안한 그 마음을 헤아리고
내담자가 편안하게 이야기할 수 있도록
들어주는 것이 타로 상담가의 역할이다.

Q5.
'심리 반영'이란 말이 어려워요. 무슨 뜻인가요?

긴장하거나 감정이 치우친 상태로 타로를 뽑을 때가 있다.
그 마음이나 상황이 타로에 영향을 준다. 그러면
온전한 대답을 듣기 어렵다. 심리 상태만을 보여주는 카드가
뽑히거나, 반대의 대답이 뽑히기 때문이다.

Q6.
내담자가 다 "아니요"라고 대답합니다.
어떡하면 좋을까요?

상담하다 보면 위축되는 경험을 종종 하게
마련이다. 그럴 때는 일단 내담자의 반응을
받아주는 게 좋다. 타로 설명이 부족했을 수
있다. 잘못된 부분은 없는지, 카드마다
연결에서 놓친 부분은 없는지 되짚어
봐야 한다. 내담자의 마음이 준비되지
않았거나, 타로 의미와 자신의 상황을
연결하지 못했을 수도 있다. 타로의
이야기를 충분히 전달하고, 부정적인
말보다 긍정적인 말로 부드럽게 표현하길
바란다. 소통이 잘 이루어졌다면
내담자도 고개를 끄덕일 것이다.

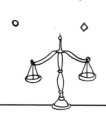

Q7.
타로로 건강 상태를 알 수 있나요?

건강에 관한 질문은 상담하기 참 어렵다.
상담하게 되면 어떻게 풀어갈지 미리 정해두는 게
좋다. 리아 타로는 대체로 3장을 뽑아 긍정과
부정의 의미를 먼저 본다. 그리고 카드끼리
연결되는 의미와 차이점이 있는지도 함께 본다.
중요하게 해석되는 원소의 특징적인 카드도 있다.
카드에서 조심해야 할 부분이 읽히면
건강검진을 권하고, 때때로 질병과 관련한
검사를 받아보라고 조언하기도 한다.

Q8.
언제 타로를 보면 좋을까요?

첫 번째, 중요한 결정을 앞두고 고민될 때 참고삼아
타로를 본다. 상담가는 타로의 온전한 의미를
전달할 뿐, 선택은 내담자의 몫이다.
두 번째, 기다리는 상황일 때 타로를 본다.
다만, 내가 원하는 대답이 아닐 수도 있다.
타로 조언을 참고삼아 편안한 마음을 가져야 한다.

Q9.
보조 카드는 언제 뽑아야 효과적일까요?

대체로 보조 카드를 자주 뽑는 분들은 이미 뽑힌 카드의
해석이 안 될 때 뽑는다. 보조 카드를 뽑았을 때 역시 해석이
안 되기는 마찬가지다. 뽑힌 카드에서 충분히 의미를 파악하고,
한 카드에서 두 가지 방향의 갈림이 있을 때 보조 카드를 뽑는다.
꼭 기억하자. 또 하나, 심리 반영으로 읽을 수 있는 카드가 있다.
예를 들어 "자격증 시험에 합격할까요?"라는 질문에
두려움이 가득한 마이너 검 8번 카드가 나왔다면
그때 보조 카드를 뽑아서 확인하면 효과적이다.

Q10.
내 질문의 답을 스스로 뽑아도 될까요?

'중이 제 머리 못 깎는다'라는 말이 있다.
그만큼 혼자 해결하는 게 쉽지 않다. 자점(自占)을 하기 전에
심호흡을 깊게 세 번 하고 마음이 차분해질 때까지 기다려야 한다.
나의 바람을 넣지 않고 타로의 순수한 의미만 해석하길 바란다.

제 **1** 부

✦ 일러두기 ✦

타로 78장 모두 메이저 카드와 마이너 카드의 원소 이야기, 수비학과 카드 숫자들의 연결성, 코트 카드의 인물 이야기가 있다.

제1부 인물 읽기 리아 타로 이론을 꼭 참고해서 바르게 알고 실전으로 들어가야 한다.

⟨ 인물 읽기 리아 타로 : 이론 이해 ⟩

메이저 카드 22장 : 0번 광대부터 21번 세계

코트(인물) 카드 16장 : 컵 왕부터 펜타클 시종

마이너 원소 카드 40장 : 컵 에이스부터 펜타클 10번

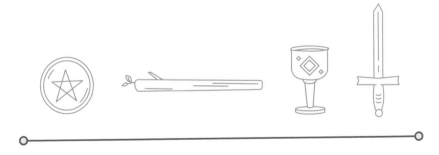

0번 광대(바보)

· 자유로운 영혼
· 계획 없는 시작
· 속박에서 벗어남
· 현실 도피
· 자유 여행
· 자유연애

· 순수함
· 단순함
· 낙천적
· 무책임
· 가벼움
· 경솔함
· 둔재 혹은 천재

낭떠러지 위에 있는 광대는 위험을 인지하지 못한 채 여행하려는 듯하다. 바람과 같은 자유로움을 느끼고 있다. 고개는 하늘을 향하고 한 손에는 순수함을 상징하는 흰 장미를 들었다. 지팡이 끝에 매단 가벼운 봇짐은 다른 세상을 경험하기 위해 떠나고자 하는 최소한의 준비를 마쳤음을 보여준다. 길 앞에 낭떠러지를 알려줄 동반자인 개가 광대 옆에 있다.

그는 궁중에서 광대로 살면서 치졸한 권력 다툼과 궁중의 부패에 회의를 느꼈다. 세상을 바꾸고 싶지만 자신의 힘으로는 역부족이다. 이제 어깨를 짓눌렀던 무거운 짐을 내려놓고 홀연히 여행을 떠나기 위해 마음먹는다. 그저 결심만 했을 뿐 구체적인 계획은 없다. 그렇기에 시작을 했다고도 시작을 안 했다고도 볼 수 없다. 광대의 마음은 더없이 자유로우나 상대방은 답답할 수 있다. 얽매이거나 구속되는 걸 싫어하는 자유로운 영혼이다. 심리적으로는 뭐든 다 될 것 같은 긍정이지만, 현실적으로는 부정의 의미다.

1번 마법사

· 손재주

· 임기응변

· 화려한 말솜씨

· 유머 감각

· 사기꾼

· 속임수

· 거짓말

· 공치사

· 창조적인 시작

· 문제 해결 능력

· 자신감

· 매력적인

· 많은 인맥

· 다재다능

THE MAGICIAN.

머리 위에는 뫼비우스의 띠가 있고, 허리에는 뱀이 자신의 꼬리를 물어서 원형을 이룬 우로보로스를 둘렀다. 우로보로스는 시작이 곧 끝이라는 의미를 지니며 영원성을 뜻한다. 한 손은 봉을 잡고 있고 다른 한 손은 땅을 가리키고 있다. 탁자 위에는 4원소가 놓여 있다. 그의 얼굴은 자신감으로 가득 차 있다.

4원소 컵, 지팡이, 펜타클, 검은 창조를 위한 준비를 갖추었다. 마법사는 신과 같은 창조적인 능력을 가지고 있다. 하늘을 향해 들고 있는 봉은 하늘의 뜻을 받아 새로운 시작을 하며, 땅을 가리키는 손은 하늘과 땅을 연결하고 있다. 그것은 곧 창조이며 마법이다. 마치 그의 꿈이 이루어진다는 것을 알리는 듯하다. 신비롭고 뛰어난 능력자로 긍정의 의미다. 다만, 연륜이 느껴지지 않는 젊은 얼굴에서 사기꾼 기질을 읽을 수 있다.

2번 여사제

· 책임과 의무

· 문서운

· 지식

· 지혜

· 상담

· 가르침

· 관계 맺기

· 비밀스러운 사연

· 인내심

· 참을성

· 가슴앓이

· 내면적 갈등

· 진실한 사랑

· 아픈 사랑

· 망부석

✦ 인물 읽기 ✦

장막은 하늘과 육지와 바다를 가리고 있다. 공적인 업무 수행을 위해 물이 상징하는 사적인 내면을 드러내지 않는다. 발치에 놓인 달로 보아 여성성과 감성 또한 저만치 내려놓았음을 알 수 있다. 그녀는 선과 악을 상징하는 흑백의 원기둥 사이에 앉아 있다. 단아한 모습 뒤로 비밀스러운 사연을 숨기고 있다.

✦ 키워드 해석 ✦

그녀는 절대 지혜의 경전인 토라(율법)를 들고 신에게로 연결되는 성전의 입구를 지키는 고위 여사제다. 선과 악 두 기둥 사이에 앉아 치우치지 않게 세상을 바라보려는 내면적 갈등이 존재한다. 지혜의 비밀을 계승하고 진리를 추구한다. 말 못할 사연의 가슴앓이와 슬픔은 가슴에 묻어두었다. 아픔을 말하지 않는 비밀스러움도 있다. 토라와 관련해 문서 질문은 긍정 의미, 성전의 입구를 지키는 문지기이므로 이동에 관련한 질문에는 부정의 의미로 해석한다.

3번 여황제

· 다산
· 모성애
· 풍성한 감정
· 물질적 풍요
· 물려받은 풍요
· 소유욕
· 집착

· 허영
· 사치
· 울타리 관계
· 편안함
· 안락함
· 나태함
· 게으름

대지가 주는 풍요로움은 마치 그녀를 위해 준비된 것 같다. 울창한 숲속에서는 폭포수가 흘러내린다. 폭포 소리와 숲속의 바람이 속삭이는 소리에 귀 기울이며 평온함을 느끼고 있다. 추수를 기다리는 황금 밀밭은 풍요로워 보인다. 이 풍요가 오래 지속되길 바란다. 그녀의 배 속에는 풍요를 같이 누릴 태아가 자리 잡고 있기에 편안한 옷을 입고 앉아 있다.

풍요로운 들판에서 삶의 안락함을 누리는 그녀는 여황제이다. 아름다운 여인이자 어머니인 여황제의 출산을 통해 인류가 시작되며 확장된다. 그녀는 "다 널 위해서 그런 거야!"라고 부모라면 익숙한 표현을 한다. 자식을 위해서라면 무엇도 부끄럽지 않고 맞설 준비가 된 강한 모성애를 가지고 있다. 자신이 가진 풍요에 집착한다. 그녀는 결코 풍요를 포기할 수 없다. 풍요라는 선물을 누리는 긍정의 의미다.

4번 황제

· 일인자
· 자수성가
· 개척
· 통솔력
· 세속적인 권력과 부

· 물질 / 체제의 안정
· 가부장
· 경계하는 눈빛
· 책임감에 의한 근심
· 완고한 고집
· 딱딱한 감정

불그스름한 하늘과 산. 그리고 산양의 뿔로 조각된 의자는 삭막하고 근엄한 분위기를 자아낸다. 한 나라의 강력한 권한을 가진 황제는 사뭇 긴장된 표정으로 갑옷을 입고 앉아 있다. 의자 뒤로 실개천이 흐른다.

황제는 물려받은 왕의 자리가 아닌 반란으로 일인자가 된다. 어떻게 얻은 자리인가. 누구도 넘보지 못하도록 나의 제국을 지키기 위해 주변을 경계한다. 딱딱한 돌의자에 갑옷을 입고 앉아 있는 그의 표정에서 전쟁이나 반란에 대한 걱정이 느껴진다. 의자 뒤로 흐르는 실개천은 그에게도 감정이 있음을 보여주지만, 황제이기 때문에 표현할 수 없다. 세상을 통치할 수 있는 권력을 지키고, 국가와 만백성의 안녕을 책임지자니 어깨가 실로 무겁다. 그가 누리는 세속적인 권력과 부는 긍정의 의미다.

5번 교황

· 상담
· 가르침
· 조언자
· 두 개의 열쇠
· 선택의 갈림
· 책임 회피
· 형식적인
봉사 / 희생

· 양면성
· 실망
· 상하 갈등
· 갑을 갈등
· 조건 만남
· 정략결혼

　그는 하느님의 종으로서 모든 권력이나 권위의 행사는 봉사하는 데 있다. 젊은 교황은 선과 악이 모호해진 두 개의 회색 원기둥을 사이에 두고 교황청 최고의 자리에 앉아 있다. 직위와는 상반되게 교황의 표정에서 인자함은 엿보이지 않는다. 교황과 두 명의 사제는 수직 구조로 상하 관계를 이루며 갈등이 존재한다. 두 개의 열쇠가 있다.

키워드 해석

　교황은 하늘의 뜻을 지상에 전달하는 숭고한 희생과 도덕적 책임을 지녔다. 하지만 영토를 지배하는 실질적 권력자 황제와의 타협을 통해 가톨릭의 수장으로 지위와 권위를 유지하고자 한다. 그는 회색 원기둥 사이에 앉아 인간의 삶 질문에 대해 두 개 열쇠의 두 가지 조언을 할 뿐 어떠한 결론도 내리지 않는다. 선택을 인간의 몫으로 남겨 갈등을 일으키기에 부정의 의미도 담고 있다.

6번 연인

· 정서적 사랑

· 순수한 결합

· 조화로운 관계

· 화합

· 아름다운 유혹

· 좋은 선택

· 행복한 변화

◇ 인물 읽기 ◇

에덴동산에 이브와 아담이 있다. 여러 나무가 울창하였으며, 들에는 짐승이 뛰놀고, 하늘에는 새가 날았다. 천사가 눈을 감고 있다. 이브의 뒤로는 뱀이 감싸고 있는 선악과나무가 있다. 아담의 뒤에는 생명의 나무 한 그루가 있다. 이브와 아담은 서로 다른 눈높이로 바라보고 있다.

◇ 키워드 해석 ◇

이브와 아담의 눈높이는 왜 다른 것일까? 이브는 뱀의 달콤한 유혹에 이끌려 선악과를 먹는다. 아담은 원하지 않지만 이브를 바라보며 그녀의 선택을 따르고 함께한다. 그들의 선택으로 변화가 시작되고 인간의 사랑도 시작된다. 육체적 쾌락만이 아닌 정서가 수반된 온전한 사랑으로 생육과 번성의 음양합일을 이룬다. 신의 계획하에 있기에 긍정의 의미다.

7번 전차

· 이인자
· 개선장군
· 목표지상주의
· 승부욕
· 온갖 수단과 방법
· 목표 달성

· 승리
· 강한 생활력
· 역동적
· 수레의 균형
· 미성숙
· 피해자 발생

전차를 끄는 역동적인 말 대신 선과 악을 대비하는 흑백의 스핑크스가 앉아 있다. 머리에 월계관을 쓴 젊은 남자는 개선장군이다. 그는 주변을 둘러볼 겨를도 없이 오로지 앞만 보고 달려나간다. 전차에 몸을 실은 장군 뒤로 전쟁에서 정복한 영토의 건물이 보인다.

키워드 해석

젊은 개선장군은 황제와 결탁하여 군사를 이끌고 반란에 성공한다. 황제는 일인자가 되고, 개선장군은 일등공신으로 이인자가 된다. 힘을 얻은 장군은 황제의 경계를 받는다. 그로 인해 계속 전쟁에 나가 승리해야 하며, 살기 위해서라면 악행도 저질러야 한다. 획득한 영토는 장군의 것이 아니기에 황제에게 바친다. 승리를 위해서라면 수단과 방법을 가리지 않는 미성숙함이 있다. 목표를 달성하고 승리하기에 긍정의 의미다. 다만, 과정에서 피해를 주는 것은 없는지 함께 살펴야 한다.

8번 힘

· 영적인 힘
· 도덕적인 힘
· 교감
· 인내심
· 참을성
· 꾸준한 노력

· 시간이 걸림
· 용기
· 신념과 확신
· 두려움 극복
· 칠전팔기

머리에는 월계관을 쓰고 뫼비우스의 띠가 있다. 그리고 허리에는 생명력 있는 장미 화환을 두르고 있다. 성숙함과 부드러움으로 맹수를 다스리는 그녀의 능력은 어디까지일까. 사자는 꼬리를 다리 사이로 내리고 그녀의 손을 핥으며 평화롭게 교감을 나눈다. 그녀가 가진 힘의 균형과 의지가 느껴진다.

맹수의 왕 사자는 그녀가 감당하기 힘든 상대 혹은 자신의 모습일 수 있다. 사자를 다스리며 소통한다는 것은 오랜 시간이 걸리며 인내심을 요구하는 일이다. 두려움과 어려움을 극복하려는 신념과 확신이 필요한 상황이다. 여러 번 실패해도 포기하지 않고 꾸준히 노력한다. 상대를 제압하는 내면의 진정한 힘은 많은 난관과 시련의 경험에서 나오게 된다. 미래는 희망적이지만 시간이 오래 걸린다.

9번 은둔자

· 일방적인 희생
· 번뇌
· 고독 / 고립
· 홀로서기
· 혼자 놀기
· 왕따
· 취미 중독

· 사회성 결여
· 소통 불가
· 고집불통
· 기러기 가족
· 주말부부
· 별거
· 연구 / 탐구

그는 마음을 세상에 두지 않고 하늘에 두고 있다. '세상에 머물라. 그러나 속하지는 말라'는 신의 뜻을 충실히 이행하고자 홀로 설산에 오른다. 그는 오직 지팡이에 의지한 채 눈을 감고 있다. 얼굴에는 고독함이 묻어나지만, 그 삶을 선택했기에 외롭지 않으며 등불을 들고 어두운 세상을 밝힌다.

속세를 떠나 오랜 시간 은둔한다. 자연을 벗삼아 홀로 지내는 시간이 점점 편해진다. 은둔자는 소통의 어려움을 겪으며 주변에 정을 나눌 사람이 귀하다. 한 가지에 몰두하면 깊게 파고들지만 스스로 원해야 가능하다. 주변에서 아무리 좋은 것을 이야기해도 자신의 입장을 고수한다. 고집불통 부정 의미다. 예외적으로 혼자 하는 일이나 연구와 관련해서는 긍정의 의미다.

10번 운명의 수레바퀴

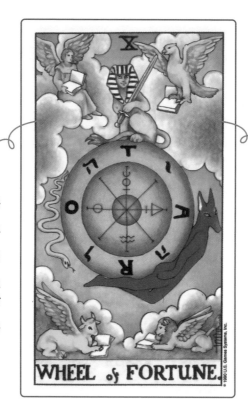

· 배움

· 인생 공부

· 맨땅에 헤딩

· 경험을 바탕으로
새로운 시작

· 행운

· 중요한 전환점

· 순환

· 오르락내리락

· 희로애락

· 외국 관련

네 천사가 책을 펼치고 공부하고 있다. 굴러가는 수레바퀴처럼 인생도 돌고 돈다. 바람이 불어와 삶을 흔들어놓기도 한다. 수수께끼를 풀어가는 이집트의 왕 스핑크스가 앉아 있다. 이집트 망자의 신 아누비스(자칼)는 상승기를 뜻하고, 전투의 신 세트(뱀)는 하락기를 뜻한다. 인생은 상승과 하락이 순환한다. 우리는 그 안에서 경험을 배운다.

9번까지의 경험치를 바탕으로 인생의 중요한 전환점을 맞이한다. 운명이란 무엇인가. 신이 정해놓은 틀 안에서 선택하고 방향을 찾는 것은 우리의 몫이며 책임도 스스로 져야 한다. 인생의 희로애락을 경험하며, 실패를 통해 깨달음을 얻은 자가 좀 더 성공을 앞당길 수 있다. 경험은 소중한 자산이며 행운이 되기도 한다. 오르락내리락, 돌고 도는 인생의 수레바퀴에는 긍정과 부정의 갈림이 있다.

11번 정의

· 갈등과 분쟁
· 법
· 옳고 그름
· 시시비비
· 곧 판결이 남

· 인간미 결여
· 모성애 결여
· 냉정함
· 차가움

한 손에는 검을 꼿꼿이 세워 잡고, 다른 한 손으로는 저울을 들고 있는 법관이다. 남자일까? 여자일까? 똑바르게 서 있는 검은 마치 원기둥과 하나가 된 듯하다. 그 모습에서 냉정함이 묻어난다. 여사제와는 달리 선과 악이 모호해진 두 개의 회색 원기둥 사이에 앉아 인간의 법을 다룬다.

검은 갈등이며, 갈등은 곧 법을 의미한다. 정의란 무엇인가. 진리에 맞는 올바른 도리로서 법 앞에서 모두가 평등해야 한다. 법은 과연 공정한가. 결정을 내려야 하는 상황에서 똑바르게 서 있는 검과 균형을 의미하는 저울은 공정하고 냉정해야 함을 강조한다. 시시비비를 가리기 위해서는 법의 도움을 받아야 할 정도로 갈등이 큰 부정의 의미도 담고 있다.

12번 매달린 남자

· 얽매임

· 정체기

· 고행

· 인내심

· 참을성

· 자기반성

· 자각

· 교훈

· 시각의 변화

· 재충전

생명력 있는 나무에 남자가 거꾸로 매달려 있다. 마치 십자가를 진 예수가 떠오르기도 한다. 두 다리는 숫자 '4'가 거꾸로 된 모양이며, 뒷짐 진 두 손으로는 줄을 풀 수도 있으나 풀지 않는다. 그가 스스로 고행 중임을 알 수 있다. 머리에서는 빛을 내고 있으며, 표정 또한 그리 힘들어 보이지 않는다.

그는 발전하거나 나아가지 못하고 한자리에 머물러 있다. 일시적으로 불안정하고 무질서한 시기다. 스스로 깨달음을 얻기 위해 인내하는 시간이다. 고행을 통해 지금까지와는 다른 시각으로 세상을 바라보아야 한다. 아직 깨달음을 완성하지 못하였으며 정체되어 있기에 부정의 의미다.

13번 죽음

· 단절
· 종결
· 극단적 무기력
· 극단적 포기
· 망연자실

· 고통
· 아픔
· 상처
· 노아의 방주
· 현실 수용
· 전화위복

백마를 타고 깃발을 들고 등장하는 해골 기사는 죽음의 사신이다. 바닥에는 죽음을 맞이한 황제가 누워 있다. 저 멀리 두 기둥 사이로 태양이 떠오르고 있다. 여자는 슬픔과 고통을 느끼고 있으며, 어린아이는 아직 죽음을 알지 못한다. 백마 앞에 서 있는 교황도 죽음의 사신 앞에서는 미미한 존재일 뿐이다.

◆ 키워드 해석 ◆

영원한 권력이란 없다. 이어져 오던 것은 끊어지고 황제가 누리던 세속적인 권력과 부는 단절됐다. 죽음을 통해 극단적인 부정과 현실적 단절을 짧게라도 경험해야 한다. 고통이 따르지만 그 현실을 수용할 때 새로운 시작이 가능하다. 피할 수 없는 고통이라면 차라리 즐겨야 한다. 죽으라는 법은 없다. 태양은 다시 떠오른다. 단절은 새로운 시작을 의미하며 부정과 긍정의 갈림이 있다.

14번 절제

· 절제
· 중용
· 균형
· 인내심
· 참을성

· 노력
· 신중함
· 심사숙고
· 시간이 걸림
· 대기만성

천사가 눈을 감고 한 발은 물에 두고, 한 발은 땅을 딛고 있다. 가슴의 옷에는 네모 안에 세모가 그려진 무늬가 있다. 각각의 컵에 담긴 뜨거운 물과 차가운 물을 섞는다. 붓꽃(아이리스)은 무지개를 상징한다. 저 멀리 산과 연결된 길 끝에는 황금빛 왕관이 빛나고 있다.

물질세계인 사각형은 열정을, 정신세계인 삼각형은 차분함을 의미한다. 이는 열정의 뜨거운 물과 냉정의 차가운 물이 섞이면서 열정은 차분하게 가라앉고 침묵은 열정을 더해 깨어나는 것과 같다. 한번 섞이면 밀접해지지만, 분리되기 어려우므로 신중해야 한다. 저 멀리 이어진 길은 시간이 오래 걸림을 의미하고, 먼 산언저리에 빛나는 황금빛 왕관은 태양을 상징한다. 그만큼 원하는 목표가 늦게 이루어진다. 미래는 희망적이지만 시간이 오래 걸린다.

15번 악마

· 자기합리화
· 죄를 정당화
· 꼭두각시
· 종속 관계
· 순종
· 쾌락
· 중독
· 구속

· 집착
· 소유욕
· 본능에 충실
· 거짓말
· 매력적인
· 치명적인 유혹
· 잘못된 지독한 사랑

악마의 머리에 달린 염소의 뿔 사이로 역 오망성이 그려져 있다. 사람의 형상을 한 상체에는 박쥐의 날개가 달려 있고, 다리에는 털이 수북하며 독수리의 발톱을 가졌다. 의식의 오른손으로는 악마 짓을 하지 않겠다는 거짓 맹세를 하고 있다. 무의식의 왼손으로는 횃불을 아래로 향하게 잡고 악마의 본능에 충실하다. 느슨한 사슬에 묶인 알몸의 남녀 머리에는 뿔이 자라나 있다.

그들은 악마의 속삭임에 현혹되었다. 술에 취하듯 매력에 흠뻑 취하기도 한다. 육체적인 탐닉을 사랑이라 착각한다. 달콤한 유혹의 최면에 걸려 죄를 정당화한다. 깨달았을 때는 이미 늦었다. 중독이라는 보이지 않는 사슬에 묶여 자유롭지 못하다. 당장은 좋은 듯하나 결국 문제가 발생하게 되므로 부정의 의미다.

16번 탑

· 징조
· 위험 경고
· 재난
· 추락
· 낙상

· 바벨탑의 붕괴
· 무너짐
· 불안정
· 좋지 않은 변화
· 위기
· 안정성의 상실

절벽 위에 높은 건물이 세워져 있다. 사람들은 과학 문명 발달을 숭배하기 위해 건물 꼭대기에 왕관을 씌웠다. 건물 안에 있던 사람들은 올바르지 못한 계획을 세웠을 것이다. 번쩍하는 순간 번개가 왕관을 내리친다. 건물에는 불꽃이 타오르고 사람들은 창문 밖으로 뛰어내린다.

그들은 저절로 알 만큼 평범하고 명백한 사실만 보고 들으려 한다. 눈에 보이지 않는 철학적 통찰에 대해서는 아예 귀를 닫아버린다. 바르지 못한 생각으로 지은 탑은 무너져 내린다. 인간의 지성이 추락하고 있다. 추락하는 것에는 날개가 없다. 신은 인간에게 당장 생각을 바꾸어 오만에서 빨리 벗어나라고 경고한다. 안 좋은 일에 대비해야 하는 부정의 의미다.

17번 별

· 희망
· 순수
· 별의 순환
· 안내자

· 인내심
· 참을성
· 노력
· 시간이 걸림

나그네의 길잡이별이 밤하늘에 떠 있다. 여덟 개의 별 중에는 가장 큰 북극성이 보인다. 그녀는 연못과 대지에 물을 붓고 있다. 세상을 정화하며 생명을 불어넣고 있다. 여인의 자세는 불교의 '卍(만)'자를 형상화해 인간의 순환을 묘사했다. 나무 위에 내려앉은 새는 조언자다.

힘들 때 밤하늘을 수놓은 별을 올려다보며 위로받기도 한다. 별의 위치는 여행자와 항해자의 길잡이가 되었다. 별의 순환은 우리가 살아가는 이 땅에 영향을 미친다. 우리는 하늘의 뜻이 땅에서 이루어질 거라는 희망을 품는다. 순수의 상태로 돌아가 다시 시작한다. 과거에 얽매이지 말고 새롭게 목표를 설정해야 한다. 속도를 늦추지 않고 꾸준히 노력할 때 희망이 이루어진다. 미래는 희망적이지만 시간이 오래 걸린다.

18번 달

· 심리적 혼란
· 갈등
· 고난
· 관문
· 불확실
· 불안함
· 감추다

· 두려움
· 강박관념
· 구설
· 오해
· 변덕
· 경쟁자
· 숨겨진 적
· 일방적인 희생

밤하늘에 떠 있는 달에서 은둔자의 얼굴이 보인다. 설산에 올라 홀로 등불을 밝히던 은둔자는 달이 되었다. 늑대와 개는 야성적 본능을 숨기고 달을 보며 이따금 짖어댄다. 물에서 뭍으로 올라오는 가재는 딱딱한 껍데기에 물렁물렁한 속살을 숨기고 있다. 가재 앞에 펼쳐진 하나의 길은 두 개의 기둥 관문을 지나 멀리까지 이어져 있다.

일식이라 하지 않는다. 어둠은 두려움 그 자체이며 진실을 가린다. 우리는 어둠 속에서 길을 잃어버리기도 한다. 어둠이 모호하므로 개와 늑대를 구분할 수 없다. 어둠으로 인한 혼란의 세상에 은둔자의 희생이 달빛을 드리운다. 반드시 거쳐야 하는 고난의 관문이다. 어둠이 두렵지만 숙명적으로 그 길을 걸어가야만 한다. 안 좋은 일에 대비해야 하는 부정의 의미다.

19번 태양

· 순수
· 자신감
· 밝은 기운
· 충만한 에너지
· 행복
· 만족

· 순수한 사랑
· 철없는 사랑
· 공개 연애
· 진실이 드러나다
· 과신
· 경거망동

◆ 인물 읽기 ◆

태양은 아이와 해바라기 꽃을 비추고, 해바라기는 아이를 향하고 있다. 이는 아이가 곧 태양임을 나타낸다. 아이의 머리에는 붉은 깃털이 꽂혀 있고, 열정의 자유로움을 지녔다. 안장과 고삐 없는 말에 앉아 자신보다 큰 깃발을 잡고 있지만 해맑은 표정이다.

◆ 키워드 해석 ◆

아이와 같은 순수한 마음이야말로 어두운 세상을 이길 수 있다. 진정한 믿음은 순수한 마음에서 비롯된다. 그 진정한 믿음이 있을 때 우리는 순수의 상태로 돌아가 회복된 세상을 맞이할 수 있다. 천진난만한 아이가 때묻지 않고 순수한 마음을 가지고 성장할 때 새로운 출발이 시작된다. 순수하고 밝은 기운이 느껴지는 긍정 의미다. 다만, 고삐와 안장이 없는 말, 무거워 보이는 휘장에서 세심한 주의가 필요하기에 부정의 의미도 함께 살펴야 한다.

20번 심판

· 최후의 심판
· 마지막 기회
· 깨우침
· 조바심
· 조급함

· 절실함
· 불안함
· 인내심
· 참을성
· 결과 기다림
· 재앙 혹은 보상

천사가 나팔을 불며 최후의 심판을 알리고, 관에서 깨어난 사람들은 심판을 기다린다. 심판 앞에 자유로운 사람은 없다. 판결을 기다리는 사람들의 마음은 조마조마하다.

✦ 키워드 해석 ✦

이미 걸어온 길에 따라 심판이 이루어진다. 신이 원하는 인간의 삶은 산들바람이다. 그러나 현세에서 몹시 힘들고 고통스러웠다. 이미 심판받은 자는 다시 최후의 심판을 받을 마지막 기회를 부여받는다. 묵혔던 일들이 세상에 드러나니 이제 더는 시간이 없다. 마지막 기회가 주어질 것이므로 고통스러운 과정도 인내하며 최선을 다해 행동해야 한다. 노력하고 행동한 만큼의 보상이 주어지게 된다. 노력 여하에 따른 긍정과 부정의 갈림이 있다.

21번 세계

· 성공

· 만족

· 완성이자
새로운 시작

· 완전한 사랑

· 갈무리 사랑

· 마무리 짓다

· 편안하다

· 안주하다

· 외국 관련

배움을 마치고 성장한 네 천사의 얼굴이 만족스러워 보인다. 두 개의 매듭으로 연결된 둥근 화환 안에는 중성의 여인이 편안한 모습으로 있다. 그녀의 양손에는 봉이 들려 있다. 이곳은 하느님이 다스리는 나라이다. 그 세상에서는 근심 걱정 없이 평화와 기쁨을 누릴 수 있다.

서로 다른 두 개의 줄로 매듭을 연결하여 음양합일의 완성을 이룬다. 이는 통합된 세상을 의미하며, 그 완성은 전체의 완성이 아닌 하나의 완성을 뜻한다. 둥근 화환은 숫자 '0'과 연결하고, 0번 광대와도 연결되어 순환한다. 완성을 이루고 또 다른 세상을 경험하고자 더욱 자신감 있게 준비하는 새로운 시작을 상징하기 때문이다. 중성의 여인은 생육과 번성의 완성인 자궁의 태아 모습이기도 하다. 완성을 이루기에 긍정 의미다. 다만, 편안함에 안주하는 부정의 의미도 함께 살펴야 한다.

컵 왕

· 부드러움
· 자상함
· 친절함
· 배려심
· 이해심
· 풍부한 감성
· 수용
· 공감

· 평화주의자
· 책임회피
· 우유부단
· 실망
· 이중성
· 부드러운
  유혹의 기술

KING of CUPS.

© 1990 U.S. Games Systems, Inc.

물 위에 돌로 만든 어좌가 둥둥 떠 있다. 어좌에 앉은 컵 왕은 앞으로 내민 오른손에는 컵을 잡고 있고, 뒤로 빠진 왼손에는 왕을 상징하는 의장을 잡고 있다. 물 위에 있지만 옷이 젖지는 않았다. 물 위로 뛰어오르는 물고기와 배 한 척이 보인다.

컵 왕은 들어주고 소통하는 능력은 있으나 행동으로 옮기는 것은 귀찮다. 모든 사람과 소통할 수 있을 정도로 부드러움과 자상함을 지녔다. 이야기를 잘 들어주고 공감하며 기분이 좋지 않더라도 화내지 않는다. 그러나 겉으로 보이는 친절함과 자상함 뒤로는 자신의 권익을 옹호한다. 거절하지 않지만 그렇다고 도움을 주는 것도 아니며 말뿐이다. 자신의 생각을 주장하지 않고 상대의 의견을 따른다. 이는 마찰이 생기는 것을 원하지 않기 때문이며, 추후에 책임지는 상황을 피하고자 결정하지 않는다.

지팡이 왕

- 책임감
- 행동력
- 실천주의자
- 성실함
- 정직함

- 진실함
- 신뢰성
- 순응
- 행동하는
  유혹의 기술

지팡이 왕의 의자 등받이와 망토에는 뱀이 자신의 꼬리를 물어서 원형을 이룬 우로보로스 무늬가 있다. 완전한 원형으로 성숙함을 의미한다. 잡고 있는 지팡이는 단단한 땅을 짚고 있다.

지팡이 왕은 말을 아끼며 무뚝뚝하다. 말한 것은 행동으로 지키려 한다. 어좌는 큰 반석 위에 있으나, 잡고 있는 지팡이가 땅을 짚고 있는 것은 왕이지만 준비 과정부터 참여해서 몸소 허드렛일을 함이다. 실행력이 있고 묵묵히 도맡은 일을 하기에 분주하다. 지팡이 왕의 신뢰는 말과 행동에서 비롯되며 성실하고 책임감이 강하다. 열정이 있고 최선을 다해 행동하며 그 결과에 순응한다.

검 왕

· 독재
· 유아독존
· 가부장
· 권위주의자
· 자기중심적
· 이기주의

· 단호함
· 갈등
· 구설
· 인간미 결여
· 권위적인
  유혹의 기술

KING of SWORDS.

검 왕의 얼굴은 광대뼈가 돌출되고 턱이 갸름하다. 그는 냉정한 표정으로 검을 비스듬히 잡고 앉아 있다. 어좌 등받이에는 나비가 그려져 있다. 하늘에는 구름도 보이고, 저 멀리에서 두 마리의 새가 날고 있다. 마치 나는 새도 떨어트릴 것 같다.

검 왕이 내리는 냉정한 판단은 주변의 갈등을 유발하기도 한다. 의견을 묻기도 하고, 주변의 생각을 인정하기도 하지만 그럼에도 '내가 옳다'는 강한 주장을 한다. 비스듬히 잡은 검의 권력을 오로지 자신을 위해서만 사용하겠다는 이기적이고 자기중심적인 성향이다. 모든 것의 옳고 그름을 자신이 판단한다. 검 왕은 모든 일을 자기 마음대로 할 수 있기에 나란히 날고 있는 두 마리 새처럼 외롭지 않을 것이다. 제멋대로여서 구설이 따를 수밖에 없다.

펜타클 왕

· 스폰서
· 조건 만남
· 쾌락
· 오감 만족
· 치밀한
· 철두철미
· 물질주의자

· 이해타산
· 계산하다
· 따지다
· 까다롭다
· 인간미 결여
· 선물 유혹의 기술

펜타클 왕은 포도 넝쿨 무늬가 있는 화려한 옷을 입고 앉아 있다. 오른손은 왕을 상징하는 의장을 잡고, 왼손은 펜타클을 잡고 있다. 왼발은 황소 돌조각을 밟고 있다. 펜타클을 내려다보는 표정이 다소 거만하다. 어좌 뒤로 건물이 보인다.

펜타클 왕은 현실 문제와 돈 문제를 안정적으로 잘 다룬다. 자신의 쾌락과 만족, 그리고 조건이 우선시된다. 상대가 마음에 들면 환심을 사기 위해 선물 공세도 마다하지 않고 잘 베푼다. 그러다 불만족스럽거나 싫어지면 줬다 뺏기도 한다. 지나치게 계산하고 따지다 오히려 손해를 입는 어리석은 결과를 초래하기도 한다. 제 발등을 제가 찍는다.

컵 여왕

· 예민한 감수성

· 진실한 애정

· 기대치가 높다

· 연민

· 동정심

· 사기를 당하다

· 희생

· 따뜻한 마음

· 감정이 녹아들다

· 순수함

· 평화

· 모성애

컵 여왕은 뚜껑이 있는 고급스러운 컵을 바라보며 어좌에 앉아 있다. 육지에 앉아 있지만 옷자락이 물에 닿아 젖어 들고 있다. 어좌에는 물고기와 아기 천사의 모습이 조각되어 있다.

컵의 원소는 여성성을 의미한다. 컵 여왕은 여성성을 대표하는 여왕이다. 이를 강조하기 위해 여왕의 직위에 맞게 고급스러운 컵을 묘사하였다. 컵 왕과 달리 물에 젖어 드는 옷자락에서 마음이 동요되면 행동력이 생기고 희생도 마다하지 않는다. 컵 여왕은 이중적인 컵 왕과 달리 진실한 도움을 준다. 연민과 애정을 바탕으로 행동하는 성향 때문에 사기를 당하는 경우가 종종 있다.

지팡이 여왕

· 책임감
· 성실함
· 정직함
· 행동력
· 열정
· 적극적
· 모험심

· 능력 발휘
· 자신감
· 자부심
· 통솔력
· 인맥
· 팔방미인
· 직관
· 모성애

QUEEN of WANDS.

© 1990 U.S. Games Systems, Inc.

지팡이 여왕의 어좌 등받이에는 붉은 사자와 해바라기가 그려져 있다. 오른손에는 지팡이를 잡고 왼손에는 해바라기를 잡고, 정면을 향해 앉아 있다. 어좌 앞에는 검은 고양이가 얌전히 앉아 있다.

✦ 키워드 해석 ✦

지팡이 여왕의 자신감과 자부심이 강한 모습을 강조하기 위해 정면으로 묘사되었다. 진보적인 성향으로 누구에게든 할 말은 하는 멋있는 여성이다. 검은 고양이는 영물로 지팡이 여왕의 직관과 연결할 수 있다. 지팡이 왕과 달리 잡고 있는 지팡이가 땅이 아닌 반석을 짚고 있는 것은 허드렛일부터 하지 않고, 기본적인 준비가 된 상태에서 시작함을 보여준다. 그러나 해야 할 일에 대한 거부가 없기에 허드렛일도 마다하지 않는다. 평상시에는 인내심이 강하나 답답하면 욱하는 기질이 있다.

검 여왕

· 합리적
· 책임감
· 공정한 잣대
· 선택과 결정
· 독신
· 과부(미망인)
· 홀아비(광부)

· 사연
· 외로움
· 강한 생활력
· 모성애

검 여왕의 망토에는 구름이 그려져 있다. 검을 똑바르게 잡고 앉아 있으며 양손에는 술 팔찌를 하고 있다. 하늘에는 뭉게구름도 보이고, 저 멀리 새 한 마리가 날고 있다. 어좌에는 나비와 아기 천사의 모습이 조각되어 있다.

검 여왕은 똑바로 서 있는 검을 강조하기 위해 옆모습으로 묘사되었다. 검 왕과 달리 권력을 남용하지 않으며, 사리 판단에 근거하여 합리적이고 공정한 잣대로 검을 사용한다. 여왕이 검을 든 것은 위기 상황이거나 어쩔 수 없는 상황에서 나서야 하기 때문이다. 모든 일을 혼자서 선택하고 결정해야 하며, 그 책임 또한 스스로 져야 한다. 무거운 책임감에 의한 외로움이 새 한 마리로 묘사되었다. 검을 잡은 차가운 모습에서 다가가기 어려운 인상을 주기도 한다.

펜타클 여왕

· 경제 순환

· 소비

· 베풀다

· 자신의
가치 확인

· 나답게

· 인정 욕구

· 양육

· 모성애

울타리에 피어 있는 꽃은 마치 펜타클 여왕을 감싸고 있는 듯하다. 그녀는 무릎 위에 살포시 펜타클을 올려놓고 바라보며 두 손으로 보듬고 있다. 어좌에는 열매와 아기 천사 모습이 조각되어 있다. 깡충 뛰는 토끼도 그려져 있다.

펜타클 여왕이 중요하게 생각하는 삶의 측면은 경제 순환이다. 가진 자들이 지출하고 베풀면서 그들에 의해 경제가 순환되어야 한다고 생각한다. 펜타클 왕과 달리 조건을 우선시하지 않는다. 나의 가치를 알리기 위해 조건 없이 먼저 베풀 줄 아는 멋있는 여성이다. 주변에서 나를 인정하며 바라보는 시선을 즐기기도 한다. 다산을 의미하는 토끼는 양육의 의미와 연결하기도 한다. 여왕이 펜타클을 보듬고 있는 것처럼 아기를 보듬고 있는 연상을 할 수 있다.

컵 기사

· 제안하다
· 제안받다
· 자기만족
· 자아도취
· 자기애

· 감성적
· 낭만적
· 속도가 느림
· 공주병
· 왕자병
· 자뻑

컵 기사는 백마 탄 왕자의 모습이다. 투구와 신발에 날개가 달려 있다. 기사 옷에는 붉은 물고기가 그려져 있다. 백마는 부끄러운 듯 고개를 숙이고 한 발 한 발 천천히 내딛고 있다. 실개천 물이 흐른다.

말은 기사의 성향을 대변하고 있다. 마치 청혼하는 듯한 이미지를 떠올리게 한다. 모든 것에 대해 제안하거나 제안받는 의미다. 상대방의 생각과 상관없이 자신의 제안이 마음에 들어 자아도취에 빠져 있다. 당연히 상대도 좋아할 거라는 믿음이 있지만, 제안을 받는 입장에서는 마음에 들 수도 마음에 들지 않을 수도 있다. 잔잔하게 흐르는 실개천처럼 서두르지 않고 천천히 다가간다. 시작은 자신 있게 하나 속도가 느려 마무리가 안 된다.

지팡이 기사

· 빈말
· 못 지킬 약속
· 변명
· 구설
· 미루다

· 급하다
· 실수
· 불안함
· 불편함
· 벼락치기

옷에는 뱀이나 용이 자신의 꼬리를 물어서 원형을 이루는 우로보로스 무늬가 있다. 벌어져 있는 원형은 미성숙을 의미한다. 무엇에 쫓기듯 기사가 달릴 준비가 안 된 말을 급하게 이동시키려 한다. 하지만 제자리에서 요동치고 있다. 혹은 말의 속도가 급감하는 모습으로 앞에 장애물이 있을 수 있다.

여유 부리고 미뤘다가 급하게 일을 처리해서 실수가 잦다. 쫓기는 느낌의 불편함이 있다. 번갯불에 콩 볶아 먹으려다 손발이 고생한다. 책임지지 못할 말과 행동이 앞선다. 본인의 실수를 인정하기보다는 변명으로 일관한다. 곤경에 처했을 때 '내가 아팠잖아'가 마지막으로 하는 궁색한 변명이다. 상대가 불편해하더라도 자신이 하고 싶은 대로 행동한다. 결과는 있으나 마음에 들지 않는다.

검 기사

· 이타심
· 자기희생
· 의리
· 의협심

· 영웅심
· 정의로움
· 책임감

KNIGHT of SWORDS.

검 기사의 말이 빠르게 달리고 있다. 얼마나 급한지 얼굴에 투구도 내리지 못했다. 장갑도 한 손에만 착용했다. 일으키는 바람의 속도에 구름도 형태가 변하고 새들도 휘청거리며 날고 있다. 소나무도 바람에 흔들린다.

검을 들고 전쟁터에 나가는 기사다운 기사다. 생각과 동시에 행동하며 주저하지 않는다. 자신감과 책임감이 강하다. 돕지 않은 불편한 마음보다는 자신이 희생하더라도 상대를 돕고자 한다. 마땅히 지켜야 할 도리와 의리를 중요시하는 검 기사는 불러주면 달려나가 밥도 사고 술도 산다. 합리적이거나 이성적이지 못하다. 주변을 잘 챙기며, 옳지 못한 상황이라 판단되면 대신 싸워줄 수도 있다.

펜타클 기사

· 신중함
· 자기 능력 파악
· 안정 추구

· 보수적
· 냉정함
· 감성 부족

펜타클 기사는 흑마를 타고 멈추어 서 있다. 양손에는 펜타클이 올려져 있지만 그는 펜타클을 바라보지 않는다. 펜타클 너머를 보고 있다. 재물에 집착하지 않는다. 흑마 옆으로는 잘 갈린 기름진 땅이 있다.

◦━━━━━━━━━━━━━━━━━━━━━ **키워드 해석** ﹥━━━━━━━━━◦

기름진 땅에 무엇을 심으면 좋을지 멈추어 서서 고민하고 있다. 선을 넘지 않는 신중함이 있다. 자신의 능력치를 파악하고 그 안에서 새로운 시도를 한다. 그러나 능력을 벗어나면 과감히 진행하지 않는다. 주변에 부탁이나 도움을 요청하지 않는다. 또한 주변에서 능력 밖의 일을 요구하면 조정하기보다는 두말없이 돌아선다. 냉정함이 느껴지며 감성이 부족하다. 안정을 추구하며 변화를 좋아하지 않는다.

컵 시종

· 시작
· 순수
· 내적 자아

· 호기심
· 상상력 풍부
· 미성숙
· 경험 부족

PAGE of CUPS.

잡은 컵 안에 물고기가 담겨 있다. 그 물고기와 컵 시종은 눈을 마주치고 있다. 시종의 옷에는 수선화 꽃무늬가 그려져 있다. 뒤쪽의 물살이 넘실넘실 출렁이며 흐른다.

물고기는 내적 자아를 의미한다. 물고기와 눈을 마주하며, 이제 막 내가 원하는 것을 깨닫기 시작했다. 원하는 것은 좋아하는 것과 싫어하는 것 두 가지로 나눌 수 있다. 내면에서 진정으로 원하는 것을 깨달았을 때는 넘실넘실 출렁이는 물살처럼 행동으로 이어진다. 경험은 부족하지만 충만한 마음으로 시작할 수 있다. 한 가지에 집중하거나 한 사람만 바라본다.

지팡이 시종

· 시작
· 계획
· 행동력
· 높은 기대치
· 변덕

· 산만하다
· 어설프다
· 끈기 부족
· 경험 부족
· 미성숙

옷에는 뱀이나 용이 자신의 꼬리를 물어서 원형을 이루는 우로보로스 무늬가 있다. 벌어져 있는 원형은 미성숙을 의미한다. 지팡이 기사보다 더 많이 벌어져 있다. 시선은 잡은 지팡이의 꼭대기를 향해 있다.

◆ 키워드 해석 ◆

이제 막 행동하기 시작했다. 새로운 시도를 잘한다. 지팡이의 꼭대기를 바라보는 것에서 눈높이가 높음을 알 수 있다. 무엇을 하다가도 성에 차지 않아 만족감을 느끼지 못한다. 한곳에 깊게 뿌리를 내리지 못하고 이내 다른 것을 계획한다. 시작은 하지만 마음이 일정하지 않고 변덕스럽다. 신뢰를 주지 못한다.

검 시종

· 시작
· 잘못된 신념
· 경계
· 의심
· 집착
· 방어기제

· 갈등 유발
· 구설
· 인간미 결여
· 자기중심적
· 이기주의
· 경험 부족
· 미성숙

저쪽을 바라보는 표정이 어둡다. 의심을 품고 있는 눈매는 주위를 경계하고 있다. 양손은 검을 엉성하게 잡고 있다. 하늘에는 뭉게구름이 떠 있고 저 멀리 여러 마리의 새가 날고 있다.

시종 중에서 가장 미성숙하다. 검 원소 계급이 낮아질수록 하늘의 날아다니는 새가 많아지는데 이는 미성숙을 의미한다. 이제 막 의심하기 시작했다. 특히 잔꾀를 부리는데 능하고 머리가 비상하다. 다른 사람의 탓으로 돌리며 합리화하는 방어기제가 탁월하다. 마찰과 갈등을 유발하며 구설이 따른다. 검 왕과 달리 주변의 생각을 인정하지 않고 자신의 생각을 '나만 옳다'로 지나치게 맹신한다. 검을 엉성하게 잡은 모습은 마치 무기를 든 어린아이 같다. 검을 능숙하게 사용하지 못한다.

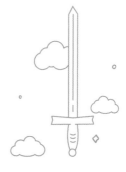

펜타클 시종

· 시작
· 목표
· 계획
· 소탐대실

· 짠돌이
· 짠순이
· 인간미 결여
· 경험 부족
· 미성숙

다른 시종에 비해 나이 들어 보이는 얼굴이다. 펜타클을 눈높이까지 높이 들고 있다. 그만큼 목표나 계획을 높게 세움을 의미한다. 그러다 보면 시작은 하지만 계획한 목표를 이루기 어려울 수 있다. 발을 딛고 있는 땅에는 푸릇푸릇한 풀들이 자라나 있다.

키워드 해석

펜타클 원소의 특성상 시종 중에 그나마 성숙함이 있다. 이제 막 목표나 계획을 세우기 시작했다. '너는 다 계획이 있구나'라는 말이 떠오른다. 펜타클을 눈높이에 들고 있는 모습에서 계획을 실천에 옮기고자 함을 알 수 있다. 미래를 위해 현재를 저축한다. 자신을 위해서는 아낌없이 쓰면서 주위 사람에게는 베풀 줄 모르는 짠돌이, 짠순이다. 계획하고 마음먹은 일에만 지출한다. 눈앞의 작은 이익을 좇다 큰 손실을 초래하는 미성숙함이 존재한다. 나무만 보고 숲을 보지 못한다.

컵 에이스

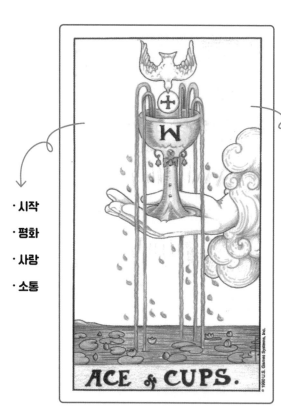

· 시작
· 평화
· 사랑
· 소통

· 화합
· 편안함
· 마음을 비우다
· 포기

구름에서 나온 신의 오른 손바닥에 컵이 올려져 있다. 성체를 물고 온 비둘기는 살며시 컵에 내려놓는다. 컵에서는 오대양의 물이 다섯 줄기로 흘러내린다. 연못에는 연꽃이 피어 있다.

메이저 1번 마법사와 연결된 마이너 카드.

비둘기는 평화의 상징이며, 물고 있는 성체는 예수님의 몸을 상징한다. 마음을 열기 시작했으며 편안해진다. 가슴에서 우러나오는 진실한 감정이다. 소소한 다툼이 있었다면 오해를 풀고 화해한다. 그러나 오래된 갈등이나 법정 다툼, 돈과 관련한 문제에서는 오히려 마음을 비우기도 한다. 편안함과 동시에 마음을 비우는 포기의 의미도 있어서 긍정과 부정의 갈림이 있다.

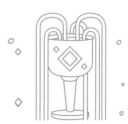

지팡이 에이스

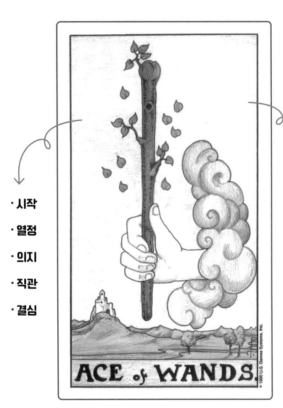

· 시작
· 열정
· 의지
· 직관
· 결심

· 실행
· 행동력
· 욕망
· 욕구

구름에서 나온 신의 오른손이 지팡이를 잡고 있다. 잡은 손 모양에서 지팡이 원소와 같은 의지와 행동력이 느껴진다. 지팡이의 윗부분 가장자리는 마치 남근 모양을 연상케 한다.

메이저 1번 마법사와 연결된 마이너 카드.

할 일에 대하여 마음을 굳게 정했다. 행동 의지가 분명하다. 구체적인 목표가 있으며 적극적으로 실천에 옮긴다. 그러므로 나는 존재하기 시작했다. 일단 시작했지만 그 결과는 알 수가 없다. 행동이 좋은 결과로 이어지는 것만은 아니다. 원소의 힘이 부족할 수 있어서 긍정과 부정의 갈림이 있다.

검 에이스

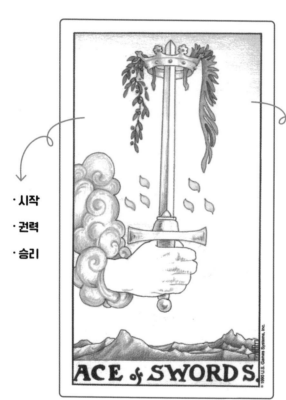

· 시작
· 권력
· 승리

· 확고한 신념
· 확신
· 중심을 잡다

구름에서 나온 신의 오른손이 검을 잡고 있다. 그 검 끝에는 왕관이 씌워져 있다. 지팡이 에이스와 달리 검을 잡은 불끈 쥔 주먹의 손등이 보인다. 이로써 의미가 좀 더 확장되어 확고함, 굳건함, 힘을 나타낸다.

메이저 1번 마법사와 연결된 마이너 카드.

올리브와 월계수 이파리가 왕관을 장식하고 있다. 명예와 승리의 왕관이다. 정치 출마를 물었다면 당선으로 이어진다고 해석할 수 있다. 갈등 상황에서는 중심을 잡기 시작했다. '눈에는 눈, 이에는 이' 확고한 신념으로 뜻한 바를 이루겠다는 목표 의식이 강하다. 굳건한 의지와 승리의 확신, 긍정의 의미다. 다만, 확신으로 해석할 때는 어느 방향일지 구분해야 한다. 고집불통의 확신일 수 있다.

펜타클 에이스

· 시작
· 준비
· 욕심

· 계산하다
· 따지다
· 가치 실현

구름에서 나온 신의 오른 손바닥에 펜타클이 올려져 있다. 울타리 정원 입구는 21번 세계의 화환과 연결할 수 있다. 마치 목표의 완성은 물질적 준비만 잘 되어 있으면 가능하다고 생각하는 듯하다.

메이저 1번 마법사와 연결된 마이너 카드.

욕심이 생기기 시작했다. 계산하고 따지기 시작한다. 어느 정도 준비된 것을 기반으로 더 발전된 물질적 가치를 실현하고자 한다. 펜타클 에이스는 시작이며, 21번 세계는 마무리이자 끝이다. 그러므로 시작과 끝을 연결하는 물질에 대한 강한 집착이 될 수 있다. 가치를 실현하는 긍정의 의미다.

컵 2번

· 화합
· 정서적 결합
· 관계 맺기
· 소통

· 맞교환
· 양보
· 창조

사자의 얼굴에는 독수리의 날개가 달려 있다. 지팡이에 두 마리 뱀이 서로 얽으면서 올라간다. 여자와 남자는 컵을 맞교환한다. 그 모습에서 평강공주와 바보온달을 떠올려볼 수 있다.

메이저 2번 여사제와 연결된 마이너 카드.

너와 내가 마음을 나눈다. 맹수의 왕 사자의 얼굴은 강인함을 의미한다. 독수리의 날개는 그리스·로마 신화 제우스를 상징한다. 지팡이의 뱀 두 마리는 헤르메스의 카두세우스 지팡이다. 서로 다른 것이 화합하여 새로운 것을 창조한다. 그들은 진심으로 마음을 합하는 순수한 관계이며, 하나를 얻기 위해 하나를 양보하는 모습이기도 하다. 정서적 통합과 새로운 창조, 긍정의 의미다.

지팡이 2번

· 하나를 이루다
· 계획
· 확장

· 욕심
· 두려움
· 갈등
· 지도자

성안에 남자가 왼손으로 지팡이를 잡고, 오른손으로 지구본을 들고 서 있다. 오른쪽 벽면에는 하나의 지팡이가 고정되어 있다. 남자는 저 멀리 밖을 바라보며 구상하는 중이다.

메이저 2번 여사제와 연결된 마이너 카드.

확장하고 싶은 욕망은 욕심이 된다. 고정된 지팡이는 이미 이룬 성과다. 이에 만족하기보다 좀 더 확장하기 위해 궁리 중이다. 앞으로 이루려는 계획에 있어 규모, 실현 방법 등을 구상한다. 하지만 새로운 도전보다는 안정적인 확장을 원한다. 그래서 성안에 머물며 밖으로 나가지 않는다. 내면에 '해도 될까?'하는 두려움이 있다. 내 것이 있지만 다른 것을 탐하기도 한다. 확장과 관련해서는 부정의 의미다.

검 2번

· 심리적 위축
· 신체적 긴장
· 내면적 갈등
· 진퇴양난
· 힘듦

· 두려움
· 불안함
· 고민
· 망설임
· 방치

달밤에 여자는 눈을 가리고 앉아 있다. 양손에는 길이가 같은 검을 엇갈려 잡고 있다. 양 검의 끝이 보이지 않는다. 그만큼 근심, 걱정, 갈등의 끝이 보이지 않음을 의미한다. 근심, 걱정, 갈등은 망설임으로 이어지고 선택을 하지 못하게 만든다. 어느 쪽도 선택하지 못하고 내버려둔다. 무엇이 이리도 힘든 것일까.

키워드 해석

메이저 2번 여사제와 연결된 마이너 카드.

달밤을 묘사한 것은 어둠의 상징으로 부정 상황이다. 확신은 있지만 선택하지 못하는 그녀가 두 자루의 검을 잡은 채 갈등하고 있다. 이 일을 할지 말지 혹은 서로 다른 일 중에 무엇을 선택할지 고민하는 것일 수 있다. 스트레스로 인해 심리적 위축, 신체적 긴장 상태이다. 어느 한쪽의 선택도 결코 가볍거나 단순하지 않다. 양쪽 검의 무게와 길이가 똑같기에 선택하지 못하고 결정을 미룬다. 누군가 대신 선택해 주길 바라는 마음으로 이러지도 저러지도 못하고 방치하고 있다. 내면의 갈등이 크고 스트레스가 심한 부정의 의미다.

펜타클 2번

· 자신감

· 굴러가다

· 투잡

· 돌려막기

· 계속 진행

· 위험한 전개

· 불안함

· 갈등

펜타클 두 개를 무한궤도 안에서 돌리고 있는 모습이다. 뒤로는 바람이 강하게 불고 있다. 바람으로 인해 해수면이 거칠어지고 높아져 삼각형을 이루는 파도가 일고 있다. 높은 파도 위의 배 두 척이 위험해 보인다.

메이저 2번 여사제와 연결된 마이너 카드.

펜타클의 욕심은 집착이 되어간다. 어느 하나도 놓치고 싶지 않다. 두 개의 펜타클 모두 안전하게 돌릴 수 있다는 자신감이 있다. 풍랑 위의 배두 척은 위험을 알린다. 위험을 인지한 순간부터는 불안한 채로 돌린다. 하나의 펜타클이 떨어지면 그때는 모두 무너져 내린다. 자신감을 가지고 집중해서 돌려야 한다. 자신감과 불안감이 공존하며 긍정과 부정의 갈림이 있다.

컵 3번

· 설렘의 극대화

· 즐거움

· 기쁨

· 축하

· 우정

· 의기투합

· 화합

세 명의 여자가 컵을 높이 들고 있다. 마치 축하하는 분위기다. 한 여자는 뒷모습만 보인다. 세 여인은 산드로 보티첼리의 그림 〈봄〉에 등장하는 삼미신을 연상시킨다. 원작 그림을 살펴보자. 정중앙 붉은 옷을 입은 비너스(아프로디테), 비너스의 왼쪽에 이 여신을 수행하는 삼미신이 있다. 비너스 여신을 수행하는 삼미신은 주고받고 되돌려주는 자비 혹은 순결·미·사랑으로 해석하기도 한다.

메이저 3번 여황제와 연결된 마이너 카드.

우리 모두의 마음과 뜻이 맞아 풍요로운 감정의 화합을 이룬다. 설렘의 극대화이다. 새로운 사람이 합류하여 의기투합하기도 한다. 한마음 한뜻으로 출발해 결실로 이어지는 긍정의 의미다. 다만, 뒷모습에서 뒤돌아서는 의미를 살펴야 한다. 시작할 때의 설렘이 남아 있는 사람은 서운할 수 있다. 마치 믿음이나 의리를 저버리는 배신감을 느끼기도 한다.

지팡이 3번

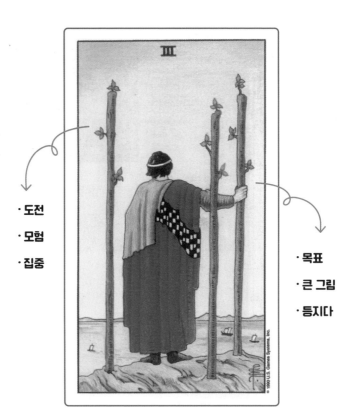

· 도전
· 모험
· 집중

· 목표
· 큰 그림
· 등지다

언덕 위에 서 있는 남자는 저 멀리 바다를 바라보고 있다. 하나의 지팡이를 잡고 나머지 두 개의 지팡이는 삼각 구도로 땅에 박혀 있다. 지팡이 두 개에 하나가 더해지면서 의지와 열정이 좀 더 견고해진 모양새다.

· 키워드 해석 ·

메이저 3번 여황제와 연결된 마이너 카드.

남자는 성 밖으로 나와 새로운 도전을 하고자 한다. 이는 확장에 대한 의지가 분명하며 두려움을 극복했다는 의미다. 전체적인 상황의 규모, 실현 방법 등 목표에 집중하고 있다. 나무가 아닌 숲을 보며 큰 그림을 그린다. 실행하기 직전의 모습으로 2퍼센트 부족한 긍정 의미다. 다만, 뒷모습에서 '등지다'라는 부정의 의미도 살펴야 한다.

검 3번

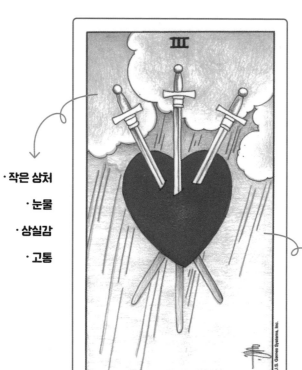

· 작은 상처

· 눈물

· 상실감

· 고통

· 가슴 저린 슬픔

· 두려움

· 불안함

회색 구름에서 비가 내린다. 마치 눈물을 흘리는 것 같다. 심장에는 검세 자루가 꽂혀 있다. 심장은 붉은색이다. 검이 꽂혀 있는 것만으로도 가슴에 응어리를 만드는 무거운 상처로 느껴진다. 몸의 반응이 두렵다.

+ 키워드 해석 +

메이저 3번 여황제와 연결된 마이너 카드.

선택을 미루고 방치한 상처다. 우리는 일상생활에서 크고 작은 상실을 경험한다. 친구, 가족, 재물, 직업, 대인관계 등 다양한 것들이 될 수 있다. 생각했던 갈등이 현실화되고 마음에 상처를 입었다. 다행히도 붉은 심장은 살아 있다. 쉽지 않겠지만 치유 가능한 상처다. 두려움은 실제 상황보다 상처를 더 크게 받아들이게 한다. 후회와 슬픔의 눈물, 부정의 의미다.

펜타클 3번

· 정신적
물질적 소득

· 안정화

· 전문가

· 협력

· 도움

· 역할 분담

· 건축

· 집 / 상가 수리

· 모임

각자의 역할이 있는 세 명이 모여 협력한다. 이곳은 마치 성당처럼 보인다. 의자에 올라 망치를 잡고 있는 사람, 설계 도면을 들고 있는 사람, 필요한 것을 설명하며 의견을 나누는 사람까지, 건축을 위해 전문가들이 모여 협의하고 있다. 기둥 위로는 세 개의 회색 펜타클이 조각되어 있다.

키워드 해석

메이저 3번 여황제와 연결된 마이너 카드.

불안한 마음으로 혼자 펜타클을 돌리던 남자가 도움을 받는다. 성당 건축을 위해 성직자, 건축설계사, 목수 세 명의 전문가가 모여 도움을 주고받는다. 이들은 정신적·물질적 소득을 얻는다. 아직 완성되지 않았기에 회색의 펜타클이다. 몫을 나누어야 하기에 규모가 작을 수 있다. 각자의 역할 분담과 협력을 통해 곧 금색의 펜타클로 완성되어 간다. 그만큼 협력이 중요하다. 삼각 구도로 안정화를 이루는 펜타클, 긍정의 의미다.

컵 4번

· 게으름
· 무관심
· 무기력
· 불만족

· 권태기
· 실망
· 싫증

구름에서 나온 신의 오른손이 컵을 내밀고 있다. 나무 아래 있는 남자는 팔짱을 끼고 앉아 있다. 마치 보리수나무 아래 가부좌를 틀고 앉은 부처를 떠올리게 한다. 앞에는 세 개의 컵이 세워져 있다.

메이저 4번 황제와 연결된 마이너 카드.

설렘과 흥분이 점점 사라져 감정이 시들시들하다. 서 있는 세 개의 컵은 가치가 손상되지 않았다. 하지만 원하는 대로 이루어지지 않아 싫증을 느끼거나 게을러진다. 남자는 새로운 제안에도 무관심하고 의미를 찾지 못한다. 컵 원소의 숫자 '4'는 감정의 안정으로 오히려 설렘이 사라져 권태로운 상태다. 의욕이 없고 무기력한 부정의 의미다.

지팡이 4번

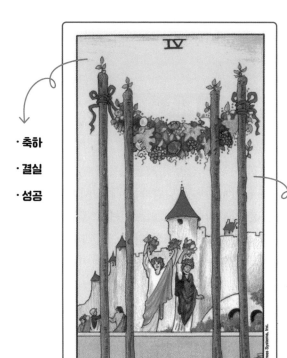

· 축하
· 결실
· 성공

· 성취
· 만족
· 행복
· 일시적

지팡이로 네 개의 기둥을 만들었다. 그 위에는 화환이 이어져 있다. 유대인의 전통 결혼식에서 빠질 수 없는 꽃으로 장식한 후파가 떠오른다. 화환 문 너머에는 성이 보인다. 성 밖의 여인들은 머리에 화환을 썼고, 양손에는 꽃다발을 높이 들고 있다. 한쪽에는 사람들이 앉아 음식을 먹는 모습이다.

메이저 4번 황제와 연결된 마이너 카드.

목표에서 행동으로 이어졌다. 구체적인 노력과 행동의 안정이 성취를 이루었다. 만족하고 기뻐하며 서로를 축하한다. 결실을 이루었으니 그다음을 위해서 노력을 이어가야 한다. 공식적인 축하와 즐거움, 긍정의 의미다. 다만, 성 밖의 사람들은 연회가 끝나면 다시 일상으로 돌아가야 하는 '일시적'인 축하의 의미가 있다. 이는 예외적인 해석으로 적용한다.

검 4번

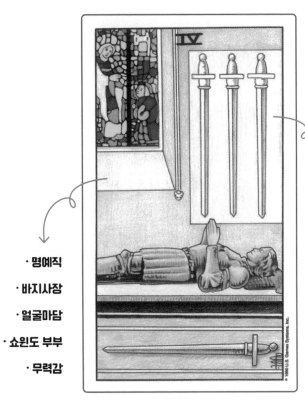

· 명예직
· 바지사장
· 얼굴마담
· 쇼윈도 부부
· 무력감

· 불안정
· 갈등
· 강제적 휴식
· 심리적 위축
· 기다림

성당 창문이 보인다. 돌로 만든 석관 위에 남자가 두 손을 모은 채 누워 있다. 세 자루의 검 끝이 그를 향해 있다. 석관 아래에는 한 자루의 검이 같이 눕혀져 있다. 마치 템플기사단이 치명적인 누명을 쓰고 강제 해산된 후 한 명씩 석관에 누워 있는 상황 같다.

· 키워드 해석 ·

메이저 4번 황제와 연결된 마이너 카드.

심장에 꽂힌 상처를 치유하지 못했다. 허탈하고 맥 빠진 느낌이다. 부여받은 직위는 높지만 실제적인 권한은 없다. 실속은 없고 겉만 그럴듯하다. 할 수 있는 것이 아무것도 없으며, 스스로도 힘이 없음을 알고 있다. 그저 무기력하게 때를 기다린다. 그때가 오면 같이 누워 있는 검을 들고 나가리라. 심리적 위축과 무력감, 부정의 의미다.

펜타클 4번

· 탐욕
· 소유욕
· 계산하다
· 따지다

· 수전노
· 자린고비
· 독식
· 욕심
· 집착

머리에는 왕관이 씌워져 있다. 그 왕관 위에 펜타클이 올려져 있다. 가슴으로는 펜타클을 끌어안고, 두 발로는 펜타클을 밟고 있다. '돈을 못 받는 거 아냐?' 하고 걱정하는 듯, 목숨보다 물질을 더 중시하는 구두쇠 스크루지 영감을 연상케 한다. 뒤에 있는 왕국은 자신의 것이다.

키워드 해석

메이저 4번 황제와 연결된 마이너 카드.

물질의 안정이 욕심과 집착으로 이어진다. 재물을 아끼는 정도가 미덕을 넘어서 집착 수준이다. 더불어 남의 돈도 내 돈으로 여기고자 한다. 내 것이 될 수 있겠다 판단되면 소송도 마다하지 않는다. 평생 모은 재산이라도 저승에는 한 푼도 가져가지 못한다. 머리에 이고 가슴에 품고 갈 텐가. 현실적 안정을 이루기도 하지만 과한 욕심은 손에 잡히지 않는다. 긍정과 부정의 갈림이 있다.

컵 5번

· 갈등
· 현실 외면
· 남아 있는 희망

· 좌절
· 큰 실망
· 상처
· 슬픔의 극대화

검은 망토를 입고 고개 숙인 남자 앞에 세 개의 컵이 쓰러져 있다. 뒤로는 두 개의 컵이 서 있다. 기원전 323년 알렉산더 대왕이 바빌론에서 죽음을 맞이했을 때부터 검은색이 애도의 빛깔이 되었다고 한다. 그리고 고대 로마 시대에 이르러 검은색은 상복의 상징색으로 자리매김했다.

＋키워드 해석＋

메이저 5번 교황과 연결된 마이너 카드.

권태로움을 빨리 극복했어야 했다. 검은 망토를 입고 고개 숙인 남자의 슬픔이 크게 다가온다. 쓰러진 세 개의 컵에서 그는 좌절을 경험했다. 뒤에 온전히 서 있는 두 개의 컵은 남아 있는 희망이다. 그러나 큰 실망으로 뒤돌아볼 마음의 여유가 없다. 돌아서면 다시 회복될 가치는 남아 있다. 마음이나 뜻이 꺾인 부정의 의미다.

지팡이 5번

· 모의 전투
· 소소한 다툼

· 내부 갈등
· 외부 갈등
· 경쟁자

청년 다섯 명이 가볍게 싸우는 모습이다. 실제 상황에 대비해 모의 전투를 하고 있다. 모의 전투를 점검하며 의견을 나누다 갈등으로 번질 수 있다. 청년들은 사뭇 진지한 표정으로 임한다. 누가누가 이기나 경쟁을 하는 모습으로도 보인다.

메이저 5번 교황과 연결된 마이너 카드.

실제 전투를 재연한다. 이는 실제 상황이 아니므로 큰 싸움이 일어날 갈등으로 작용하지는 않지만 소소한 다툼으로 연결될 수 있다. 함께 결실을 이룬 후에 내부적인 문제로 시작된 갈등이 겉으로 드러나고 있다. 어떤 목적을 두고 이기거나 앞서려는 다수의 경쟁자가 나타날 수도 있다. 겉으로 드러난 갈등과 내부적인 문제를 점검해야 하므로 부정의 의미다.

검 5번

· 패배자
· 자존심 훼손

· 배신
· 비열한 승리자

세 명의 등장인물이 있다. 검 세 자루를 잡고 웃고 있는 남자는 비열한 승리자다. 저 멀리 고개를 숙인 남자는 패배자다. 뒷모습을 보이며 중간에 있는 남자는 두 사람 사이의 원인 제공자다. 바닥에는 두 자루의 검이 팽개쳐져 있다.

◆ 키워드 해석 ◆

메이저 5번 교황과 연결된 마이너 카드.

때를 기다려 싸우러 나갔지만 패배하였다. 정정당당한 승부가 아니다. 비열한 배신으로 뒤통수를 맞고 칼을 빼앗겼다. 몹시 불쾌하며 자존심도 훼손됐다. 바닥에 있는 두 자루의 검은 버리는 한이 있더라도 편법을 사용한 비열한 승리자에게 줄 수는 없다. 그 때문에 승리를 하더라도 다 차지하지는 못한다. 갈등이 구체화되며 부정 의미다. 다만, 비열한 승리자 입장에서 긍정의 의미도 함께 살펴야 한다.

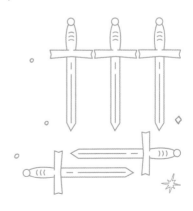

145

펜타클 5번

· 근심
· 고생
· 걱정

· 정신적
  육체적 힘듦

· 갈등 유지

눈이 내리는 추운 겨울밤이다. 성당으로 보이는 창문에서 펜타클의 불빛이 새어 나온다. 맨발의 여자는 초췌한 차림으로 눈이 쌓인 길을 걸어가고 있다. 뒤로는 다리를 다친 남자가 목발을 짚고 따로 걷는다. 남자의 목에 금종이 걸려 있다.

메이저 5번 교황과 연결된 마이너 카드.

추운 겨울 그들에겐 무슨 일이 생긴 것일까. 나누어야 할 몫을 독식하지 말았어야 했다. 가족, 재물, 직업, 대인관계 등에서 겪은 근심과 고생으로 얼굴이나 몸이 여위었다. 같이 나아가고 있으나 각자의 힘듦으로 서로에게 의지가 되지 못한다. 남자의 금종 목걸이는 과거의 행복일 뿐이다. 현실적인 어려움이 커 주변을 둘러보거나 도움을 청할 여력이 없다. 춥고 힘든 부정의 의미다.

컵 6번

· 회상

· 아련한 추억

· 향수에 젖다

· 추억 속의 재회

· 평온함

· 안정

성인의 모습을 한 작은 여자가 몸집이 큰 아이에게 꽃이 든 컵을 주고 있다. 이들은 동일 인물이다. 여섯 개의 컵에는 도라지꽃이 피어 있다. 배경에는 창을 잡고 걸어가는 뒷모습의 사람이 작게 보인다. 이들을 지켜주는 사람이다.

키워드 해석

메이저 6번 연인과 연결된 마이너 카드.

우리는 나이만 먹었을 뿐 여전히 아이일지 모른다. 현재의 나는 몸집은 크지만, 아이와 같다. 과거의 나는 몸집은 작지만, 현재보다 좀 더 성숙했다. 과거의 추억과 남아 있는 희망이 현재와 연결되고 있다. 아픈 기억의 상처는 치유되고, 아름다운 추억만 아련하게 남는다. 마치 추억 속 첫사랑과의 재회 같다. 과거를 바탕으로 현재의 안정화를 이루는 긍정 의미다. 다만, 과거만 그리워하는 집착, 부정의 의미도 함께 살펴야 한다.

지팡이 6번

· 정신적
기술적 협력

· 목적 달성

· 명예

· 승리

· 성과

도포로 장식한 백마에 월계관을 쓴 남자가 타고 있다. 손에 쥔 지팡이에는 또 하나의 월계관이 매달려 있다. 그 주변으로 여럿이 축하해주고 있다. 도포로 장식한 백마는 승리를 이루거나 신분이 높은 사람이 탈 수 있다.

메이저 6번 연인과 연결된 마이너 카드.

혼자만의 승리가 아니다. 내부적 갈등이 있던 이들을 협력으로 이끌었다. 구성원 간 정신적·기술적으로 협력하면서 연대를 이룬 성과이다. 월계관을 쓴 남자가 주된 역할을 하였다. 그는 지팡이에 매단 또 하나의 월계관을 같이 애쓰고 협력해준 고마운 이에게 씌워주기 위해 준비했다. 난관이 있어도 함께하는 사람이 있기에 극복할 수 있다. 결실을 이룬 긍정의 의미다. 갈등 상황에서는 남의 공을 가로채는 의미를 살펴야 한다.

검 6번

· 갈등 유지
· 근심
· 걱정

· 야반도주
· 스틱스강
· 요단강

아픔을 경험한 듯 아이와 여자가 웅크린 채 앉아 있다. 남자는 노를 저어 강 건너편으로 이동한다. 아직 도착한 것은 아니다. 짐 대신 배 앞머리에 검 여섯 자루가 꽂혀 있다. 이 여섯 자루의 검을 하나씩 뽑으면 오히려 배에 물이 차 가라앉을지도 모른다. 오른쪽 강물은 출렁이지만, 왼쪽 강물은 잔잔하다. 산 자와 죽은 자의 경계를 가진 강이기도 하다.

◆ 키워드 해석 ◆

메이저 6번 연인과 연결된 마이너 카드.

패배의 아픔과 같이 떠날 수밖에 없는 갈등 상황이다. 노를 젓는 남자 또한 아픔을 품고 있다. 갈등을 묻어 둔 채 목적지로 향한다. 갈등을 해결하려 꽂혀 있는 여섯 자루의 검을 하나씩 뽑는다면 오히려 상황이 악화된다. 지금은 묻어두는 게 더 나은 상황이다. 갈등이나 근심, 걱정을 묻어 두고 변화를 위해 떠나지만 해소되지 않는다. 갈등의 유지, 부정의 의미다.

펜타클 6번

· 주관하는 자

· 소득분배

· 실적제 급여

· 작은 베풂

· 도움을 받거나 줌

· 기다리는 자

너저분한 천을 덮고 앉아 있는 이들에게 서서 적선을 베풀고 있는 남자. 그의 손에 저울이 들려 있다. 저울이 의미하는 것은 무엇일까. 등장인물 위에 펜타클 위치는 세 개, 한 개, 두 개로 나누어져 있다. 가진 것이 없는 이들에게 도움을 주고 있지만 계산적이다.

◆ 키워드 해석 ◆

메이저 6번 연인과 연결된 마이너 카드.

만족스럽고 넉넉한 베풂은 아니지만, 누군가의 도움으로 현실적 어려움이 어느 정도는 해결된다. 저울은 공정해야 함을 강조한다. 앉아서 베풂을 기다리는 두 명에게 펜타클이 세 개씩 나뉘어야 하지만, 베푸는 자위에도 하나의 펜타클이 있다. 자신의 몫을 챙기는 것도 잊지 않았다. 그리고 노력한 만큼의 분배이기도 하다. 자신이 주도하느냐 기다리는 사람이냐에 따라 긍정과 부정의 갈림이 있다.

155

컵 7번

· 바람
· 기대
· 욕심
· 걱정
· 실망

· 현실성 결여
· 헛된 희망
· 집착
· 망상

구름 위에 다양한 것을 담은 일곱 개의 컵이 놓여 있다. 컵을 바라보는 사람의 형체가 분명하지 않다. 갖고 싶어도 가질 수 없어 바라만 볼 뿐 눈앞에 놓인 컵을 잡지 못했다. 사람의 형체는 검은 그림자로 마치 뜬구름 잡는 허황된 꿈같다.

메이저 7번 전차와 연결된 마이너 카드.
과거를 그리워하며 막연하고 허황한 것을 좇는다. 현실과는 동떨어진 기대감으로 구름 위에 놓인 일곱 개의 컵을 모두 갖고자 한다. 바람은 욕심일 뿐 어느 것 하나도 손에 넣을 수 없다. 원하는 바를 이루지 못할까 봐 근심, 걱정이 앞서기도 한다. 기대했으나 이루어지지 않아 실망한다. 현실성 없는 헛된 희망, 부정의 의미다.

지팡이 7번

· 녹록지 않다
· 급박하다
· 산적하다
· 어려움

· 힘듦
· 긴장감
· 고군분투
· 경쟁자

높은 곳에 올라 1대 6으로 서로 맞서서 버티고 있다. 남자의 표정에 긴박함이 묻어난다. 다급한 나머지 신발도 짝짝이다. 녹록하지 않은 상황이다. 이 상황을 어떻게 헤쳐나가야 할까.

◆ 키워드 해석 ◆

메이저 7번 전차와 연결된 마이너 카드.

협력하면서 이룬 성과 뒤로 아직도 해결해야 할 문제들이 산적해 있다. 넘어야 할 과제들이 많다. 경쟁자가 많은 상황이기도 하다. 신발을 짝짝이로 신고 나올 정도로 준비가 덜 되었다. 힘들고 무모할지도 모른다. 다소 유리한 높은 곳에 자리 잡았기에 포기할 수 없다. 열정과 의지를 다해 스스로 해결해야 한다. 어려움을 극복하고 싶지만, 쉽지 않은 상황이기에 긍정과 부정의 갈림이 있다.

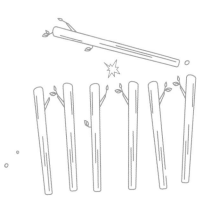

검 7번

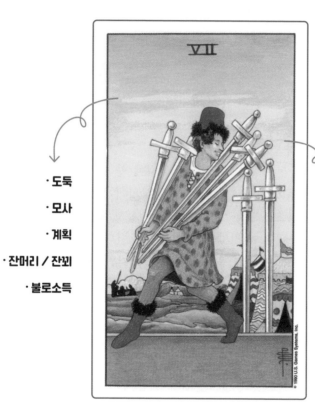

· 도둑
· 모사
· 계획
· 잔머리 / 잔꾀
· 불로소득

· 도둑놈 심보
· 실패
· 헛수고 / 헛일
· 구설
· 정보 유출

전쟁터의 막사가 그려져 있다. 남자는 적의 막사에서 무기를 훔치고 있다. 마치 성공한 듯 웃고 있다. 양손으로 다섯 자루 검의 칼날을 잡고 있다. 두 자루의 검은 땅에 박혀 있다.

◦───────⟨ **키워드 해석** ⟩───────◦

메이저 7번 전차와 연결된 마이너 카드.

갈등은 묻어둔 채 목적지로 향했으나 모사가 진행된다. 손쉽게 작은 이익을 얻기 위해 몰래 일을 꾀한다. 노력하지 않고 부도덕한 방법으로 불로소득을 원한다. 과연 성공할 수 있을까. 다섯 자루 검의 칼날을 잡은 탓에 불안정하고 위험해 보인다. 땅에 박혀 있는 두 자루의 검도 가져가야 했다. 정작 중요한 것을 놓치고 있는 모양새다. 긍정적인 결과를 기대하기에는 무리가 있는 부정의 의미다.

펜타클 7번

· 그림의 떡

· 탐하다

· 만족스럽지 않다

· 고민

· 점검

나무에 여섯 개의 펜타클 열매가 주렁주렁 매달려 있다. 남자의 다리 사이에 한 개의 펜타클이 놓여 있다. 농기구에 두 손을 괴고 만족스럽지 않은 표정으로 나무 열매를 바라보고 있다.

메이저 7번 전차와 연결된 마이너 카드.

현재 소유물이나 작은 베풂 혹은 분배된 나의 것에 만족스럽지 않다. 다리 사이에 놓여 있는 하나의 펜타클은 나의 것이다. 나무에 걸려 있는 여섯 개의 펜타클은 가질 수 없는 그림의 떡이다. 수확할 시기가 아닌데 미리 떨어진 하나의 펜타클로 인해 고민이다. 계획을 점검하면서 만족스럽지 않은 상황이기도 하다. 가진 것이 있어도 만족하지 못하는 부정의 의미다.

컵 8번

· 일식
· 일시적
· 마음이 돌아서다
· 불편함

· 실망
· 내적인 변화
· 미련
· 후회

하늘에 태양과 달이 겹쳐 있다. 달이 태양의 일부나 전부를 가리고 있는 일식이 진행 중이다. 여덟 개의 컵이 서 있다. 지팡이를 짚고 어디론가 떠나는 남자의 뒷모습이 보인다.

메이저 8번 힘과 연결된 마이너 카드.

밤이라고 볼 수 없다. 달이 태양을 가려 일시적인 어둠이 찾아온다. 순간적으로 태양의 명확함을 달의 모호함이 가린다. 기대했으나 손에 잡지 못한 실망감이 크다. 일시적으로 부정적인 마음이 생겨 돌아서고 있다. 스스로 돌아섰지만 미련이 남는다. 가치의 손상 없이 컵 여덟 개가 온전히 서 있다. 돌아올 곳이 남아 있다. 다시 돌아올지에 대한 여부는 떠나간 자의 선택이다. 일시적인 어둠이 찾아오므로 부정의 의미다.

지팡이 8번

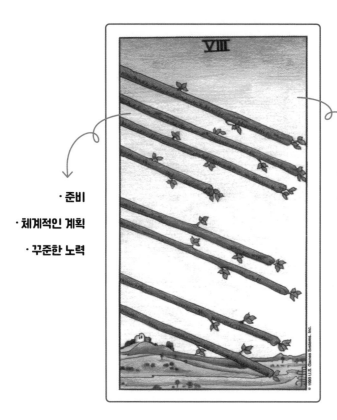

· 준비
· 체계적인 계획
· 꾸준한 노력

· 속도감
· 빠른 진행

지팡이 여덟 개가 공중에 날아가는 모양을 순간적으로 포착했다. 중력 때문에 이내 땅으로 떨어질 것이다. 일이 속도감 있게 진행된다. 지팡이가 네 개, 두 개, 두 개로 가지런한 모습이다. 준비해야 할 것이 많다.

◆ 키워드 해석 ◆

메이저 8번 힘과 연결된 마이너 카드.

덜된 준비로 녹록하지 않은 상황이지만 전열을 가다듬는다. 지팡이가 땅에 안정되게 박히기 위해서는 정신, 생각, 마음을 바로 차리거나 다잡아야 한다. 새로운 준비가 필요하며 체계적인 계획을 세워야 한다. 그 계획을 바탕으로 최선을 다해 꾸준히 노력할 때다. 서두르기만 하는 것은 의미가 없다. 준비된 자에게만 긍정의 의미다.

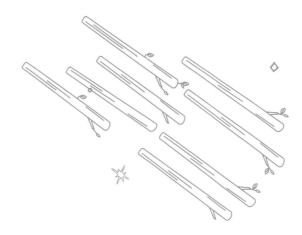

검 8번

· 생각의 감옥

· 학습된 무기력

· 심리적 위축

· 신체적 긴장

· 두려움

· 불안함

· 자신감 부족

· 심리 반영

여자는 눈을 가리고 자기 자신을 포박했다. 그녀를 둘러싸고 있는 여덟 개의 검이 땅에 박혀 있다. 마치 감옥을 연상시킨다. 무엇이 그토록 두려운 것일까. 그녀를 힘들게 하는 것은 무엇일까.

· 키워드 해석 ·

메이저 8번 힘과 연결된 마이너 카드.

손쉽게 작은 이익을 얻으려다 실패하였다. 마음속 깊은 곳에 자리한 부정적인 생각에서 벗어나지 못하고 있다. 단정 짓고 아무 말도 들으려 하지 않는다. 노력해봤자 성공할 수 없다고 느낀다. 성공할 수 없으니 아무것도 하지 않으려는 학습된 무기력이다. 부정적 자기 인식의 덫에 빠져 자기 가치를 저평가하지 말아야 한다. 스스로 두려움을 극복해야 한다. 심리적 위축과 자신감 부족으로 부정의 의미다. 다만, 심리 반영도 함께 살펴야 한다.

펜타클 8번

· 인내심
· 참을성
· 꾸준함
· 성실함

· 안정된 소득
· 전문가
· 장인정신
· 한 우물만 파다

남자는 펜타클 원소를 세공하고 있다. 그는 숙련된 손기술의 전문가다. 한 가지에만 집중한다. 기둥에는 세공을 마친 여섯 개의 펜타클이 매달려 있다. 바닥에는 세공을 기다리는 한 개의 펜타클이 있다.

◦───────⟨ **키워드 해석** ⟩───────◦

메이저 8번 힘과 연결된 마이너 카드.

만족스럽지 않은 상황을 접어 두고 일에만 집중한다. 땀을 흘리지 않으면 아무것도 얻을 수 없다. 노력은 배신하지 않는다. 그는 온 마음을 다해 물건을 만들며 한길만 걸어온 세공 장인이다. 오랜 인내와 꾸준한 노력이 결실의 열매가 되어 차곡차곡 쌓여 간다. 비로소 안정된 기반이 갖추어져 간다. 미래는 희망적이지만 시간이 오래 걸린다. 다만, 일에만 전념하는 '바쁘다'의 의미도 살펴야 한다.

컵 9번

· 정서적인
  풍요의 완성

· 마음의 풍요

· 자기만족

· 행복

· 자신감

· 자만

둥그렇게 자리 잡은 탁자 위에 아홉 개의 컵이 놓여 있다. 그 앞쪽에 앉아 있는 남자는 팔짱을 끼고 만족스러운 듯 미소를 짓고 있다. 이웃들과 포도주를 함께 마시고 돌아온 것에 기쁨을 나누며 건배할 것이다.

◆ 키워드 해석 ◆

메이저 9번 은둔자와 연결된 마이너 카드.

일시적으로 돌아섰던 마음을 다잡고 되돌아왔다. 조금 모자라도 부족해도 괜찮다. 부자는 행복하고 가난한 사람은 불행한가. 모든 부의 원천은 마음이다. 물질 욕심을 내지 않고 현재 가진 것에 만족한다. 마음이 풍요로워야 진정한 부자다. 집착에서 벗어나 나만의 만족으로 행복을 느끼며 자신감으로 가득 차 있다. 이 정도면 됐다는 만족감을 느낀다. 그러나 '나만의 만족'으로 끝나는 아쉬움이 있다. 자신감이 자만이 되지 않도록 주의해야 한다.

지팡이 9번

· 열정 / 행동의 완성

· 성과

· 결실

· 임무

· 역할

· 책임감

남자 뒤로 지팡이 여덟 개가 땅에 박혀 있다. 결의를 다지듯 머리띠를 두르고 하나의 지팡이를 잡고 서 있다. 그에게는 신이 준 중요한 임무가 있다. 충실하게 이행할 것이다.

✦ 키워드 해석 ✦

메이저 9번 은둔자와 연결된 마이너 카드.

공중에 날아가던 여덟 개의 지팡이가 안정되게 땅에 박힌다. 남자가 이루어 놓은 결과물이다. 그 결실이 끝이 아니다. 아직 마지막 역할이 남아 있다. 뜻을 정하여 마음을 굳게 가다듬는다. 확장보다는 이뤄놓은 성과를 유지하고 지켜야 한다. 중요한 임무를 수행하며 맡은 바 책임을 다하는 긍정 의미다. 다만, 많은 일에 벅차거나 힘들지 않은지 살펴야 한다.

검 9번

· 생각 / 갈등의 완성

· 불면증

· 우울증

· 심리적 위축

· 신체적 긴장

· 괴로움

· 고통

· 심리 반영

이부자리에 앉아 손에 얼굴을 파묻고 있다. 몹시 괴로운 모습이다. 그녀의 위로 끝이 보이지 않는 아홉 개의 장검이 나란히 배열되어 있다. 검아홉 개만큼의 근심, 걱정, 갈등의 끝이 보이지 않아 머리가 지끈지끈 아프다. 그로 인해 잠 못 드는 밤이다.

◦──────────< **키워드 해석** >──────────◦

메이저 9번 은둔자와 연결된 마이너 카드.

부정적 생각에서 한층 더 심해진 상황이다. 두려움을 넘어 최악의 상황을 의심하고 끝없는 상상으로 괴로움을 자처한다. 심증만 있을 뿐 일어나지도 않은 일에 대한 스트레스로 심리적 위축, 신체적 긴장 상태이다. 우울함이 지속되고, 악몽으로 잠을 이루지 못할 수도 있다. 언행에 대하여 잘못이나 부족함이 없는지 과도한 자기반성 혹은 후회를 하는 모습이기도 하다. 빠져나올 수 없을 것 같은 심리적 함정에서 벗어나야 한다. 부정적 상상으로 인한 고통이 끝이 없는 부정의 의미다. 다만, 심리 반영도 함께 살펴야 한다.

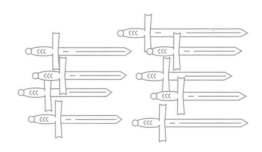

펜타클 9번

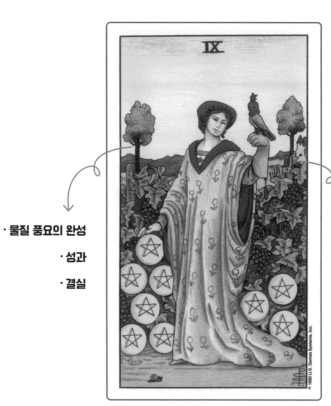

· 물질 풍요의 완성

· 성과

· 결실

· 독립성

· 자수성가

· 길들이기

포도 넝쿨이 풍성한 정원에 아홉 개의 펜타클이 매달려 있다. 장갑을 낀 여자의 손에 눈가리개를 한 매가 얌전히 앉아 있다. 바닥에는 달팽이가 기어가고 있다. 달팽이는 이슬만 먹으며 번식할 수 있는 자웅동체로 중세 교회에서는 처녀 임신의 진실성을 보증하는 생물로 여기기도 했다.

메이저 9번 은둔자와 연결된 마이너 카드.

꾸준한 노력의 결실이 차곡차곡 쌓여 있는 풍요로운 정원이다. 이제 노력한 만큼 누릴 시간이다. 노력한 자가 누리는 자신만의 쾌락! 남에게 의지하거나 구속되지 않고 홀로 서려는 그녀다. 이뤄놓은 풍요를 같이 누리기 위해서는 매를 길들이듯 상대를 길들인다. 상대가 원하지 않으면 혼자서 즐긴다. 스스로 일군 풍요는 긍정의 의미다.

컵 10번

· 가족의 완성
· 안정된 가정

· 행복
· 화목
· 평화
· 높은 이상

하늘에는 무지개가 자태를 뽐내고 있다. 열 개의 컵은 그 무지개에 가지런히 걸려 있다. 무지개 아래 아이들이 손을 맞잡고 뛰놀고, 엄마와 아빠는 무지개를 향해 팔을 벌리고 있다. 행복한 가족의 완성을 이룬 모습이 묘사되었다.

⟨ ✦ 키워드 해석 ✦ ⟩

마이너 10번은 메이저 10번이나 1번 카드와 연결하지 않는다.

완성수 9에서 더 욕심내지 말고 멈추어야 한다. 예외적으로 컵 원소는 종교와 연결하여 9를 넘어선 마음의 행복, 가장 큰 사랑의 완성이다.

나만의 만족을 넘어선 우리의 만족이다. 무지개는 증표로 보이시며 약속한 신의 언약이다. 신은 사랑으로 생육하고 번성하는 출산이 이루어졌을 때, 가족의 완성을 이룬 그 가정에 평화와 행복을 약속했다. 비 온뒤 고운 일곱 색이 가지런히 피어난다. 웃는 듯한 무지개는 보기만 해도 행복감을 준다. 안정된 가정은 곧 마음의 평화이자 행복이다. 가정과 관계된 질문에는 긍정 의미, 그 외 질문에서는 이상이 너무 높아 현실성이 떨어지는 부정의 의미다.

지팡이 10번

· 육체적 노동
· 정신적 노동
· 짊어진 고통
· 상황의 압박
· 힘든 여정

· 피로감
· 업무 과중
· 벅찬 노력
· 부담감

무거워 보이는 열 개의 지팡이를 나르고 있는 남자의 뒷모습이 보인다. 저 멀리에 마을이 보이지만, 아직 한참을 걸어가야만 집에 도착할 수 있을 것이다. 하나의 지팡이도 떨어트리지 않고 조심스럽게 짊어지고 가야 한다.

✦ 키워드 해석 ✦

마이너 10번은 메이저 10번이나 1번 카드와 연결하지 않는다.

성과를 유지하고 지키며 욕심내지 말았어야 했다. 힘겨운 노동으로 육체적·정신적 부담감에 짓눌린 남자의 뒷모습이다. 가야 할 목적지가 너무 멀게만 느껴진다. 지나친 열정으로 힘에 벅차다. 어쩔 수 없는 상황에서 스스로 짊어진 고통이기도 하다. 하나를 놓쳐 다시 잡으려 하면 와르르 무너질 수도 있다. 모두 내려놓고 쉬어가야 한다. 휴식이 필요한 부정의 의미다.

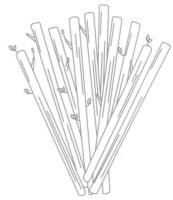

검 10번

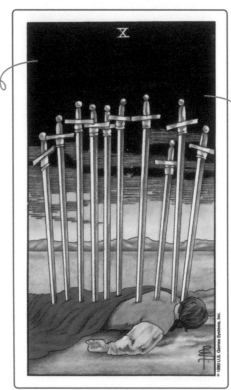

· 사실 확인
· 비참한 현실
· 갈등

· 고민
· 남은 선택
· 결정

바닥에 엎드려 누워 있는 남자의 등에 열 개의 검이 꽂혔다. 등에 검이 꽂혔다는 것은 배신의 의미가 있다. 이는 모르고 당하는 일이나 예상하지 못한 사실을 알게 되는 상처다. 새벽녘 동이 튼다. 어둠을 밀어내고 있다. 선택의 순간이 다가오고 있다.

마이너 10번은 메이저 10번이나 1번 카드와 연결하지 않는다.
상상은 그쯤에서 멈추었어야 했다. 부정적으로 상상했던 정황들이 비참한 현실이 되었다. 사실 확인으로 감정적 고통에서는 벗어나지만, 검에 찔린 상처는 안고 가야 한다. 생각의 죽음, 부정의 의미다. 아직 하늘 높이 어둠이 짙게 깔려 있다. 먼 산언저리에는 동이 트기 시작한다. 이는 상처를 안고 새롭게 시작해야 하는 선택이 남아 있으며, 결정해야 한다.

펜타클 10번

· 가족

· 증여 / 유산

· 풍요 속의 빈곤

· 가치가 흩어지다

· 퇴색되다

· 고려장

· 데면데면

· 서먹서먹

자리하고 있는 노인에게 두 마리의 개가 다가와 있다. 자녀와 손주가 옆에 있지만, 노인은 그들이 아닌 개를 바라보고 있다. 모여 있는 자손들 틈에 섞이지 못하고 혼자 있는 듯한 노인에게서 외로움이 느껴진다.

· 키워드 해석 ·

마이너 10번은 메이저 10번이나 1번 카드와 연결하지 않는다.

노력하지 않은 자녀에게 물려주지 말았어야 했다. 쓰고 남은 재산은 사회에 환원해야 한다. 땀의 가치를 모르는 그들은 펜타클의 가치도 모른다. 부모로부터 물려받은 재산을 소중히 하지 않고 낭비하며 즐거워하는 모습이다. 펜타클의 가치를 이룬 자는 노인이지만 자손들은 등한시한다. 물질의 가치를 추구할수록 행복은 더 멀어진다. 쓸 만큼 재물이 들어오나 손에 남지 않고 흩어지는 풍요 속의 빈곤이다. 긍정과 부정의 갈림이 있다.

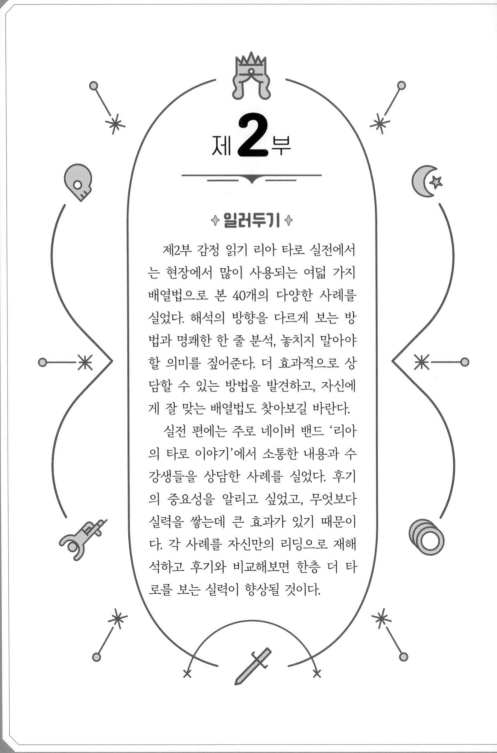

제 **2** 부

✧ 일러두기 ✧

제2부 감정 읽기 리아 타로 실전에서는 현장에서 많이 사용되는 여덟 가지 배열법으로 본 40개의 다양한 사례를 실었다. 해석의 방향을 다르게 보는 방법과 명쾌한 한 줄 분석, 놓치지 말아야 할 의미를 짚어준다. 더 효과적으로 상담할 수 있는 방법을 발견하고, 자신에게 잘 맞는 배열법도 찾아보길 바란다.

실전 편에는 주로 네이버 밴드 '리아의 타로 이야기'에서 소통한 내용과 수강생들을 상담한 사례를 실었다. 후기의 중요성을 알리고 싶었고, 무엇보다 실력을 쌓는데 큰 효과가 있기 때문이다. 각 사례를 자신만의 리딩으로 재해석하고 후기와 비교해보면 한층 더 타로를 보는 실력이 향상될 것이다.

감정 읽기 리아 타로 : 실전 사례

제1장 결과 배열법

제2장 흐름 배열법

제3장 과정과 결과 배열법

제4장 양자택일 배열법

제5장 말발굽 배열법

제6장 매직 세븐 배열법

제7장 상호관계 배열법

제8장 켈틱 크로스 배열법

제1장 결과 배열법

1. 결과 1장 배열

결과 1장으로 질문의 상황을 파악한다는 건 어려운 일이다. 의미가 함축되어 있기에 더욱 그렇다. 1장의 카드 해석을 잘해야만 여러 장을 뽑더라도 각 카드가 가진 고유 의미를 파악해 전체를 연결한 리딩을 잘할 수 있다. 그렇기에 결과 1장 배열법은 '리아 타로' 리딩의 기본이라 할 수 있다.

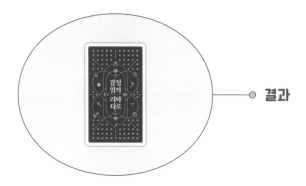

결과

2. 결과 2장 배열

결과 2장으로 질문의 상황을 파악할 때는 뽑힌 순서가 중요하다. 두 번째 뽑힌 결과 자리의 의미를 좀 더 무게 있게 해석할 수 있다.

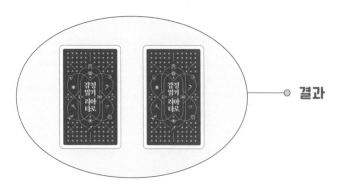

결과

3. 결과 3장 배열

결과 3장으로 질문의 상황을 파악할 때 역시 뽑힌 순서가 중요하다. 세 번째 결과 자리의 의미를 좀 더 무게 있게 해석할 수 있다. 더불어 가운데 자리를 중심으로 양옆의 카드를 해석할 수 있다. 또한 질문에 따라 조언 3장, 속마음 3장 등 여러 가지 의미의 형태로 활용할 수 있다.

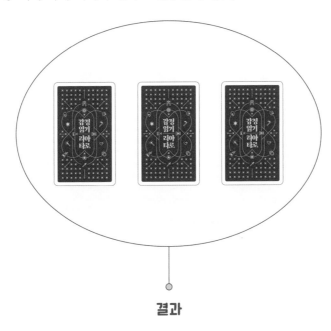

결과

소설을 쓰는 작가다. 두 곳의 공모전에 응모하였는데, 수상할 수 있을까?

타로에 묻다
| 결과 1장 |

펜타클 2번

✦ 한 줄 분석 ✦
펜타클 두 개를 돌리는 자신감이 있다.

✦ 리아의 해석 ✦
두 가지 해석이 가능하다.
먼저 두 개의 펜타클 모두 안전하게 돌릴 수 있다는 자신감처럼 내담자는
양쪽 다 수상할 거라는 기대감이 있다. 또한 카드 숫자 '2'에서 '두 곳'에 응
모라는 연결점도 있다.

✦ 추가 질문 ✦
수상 가능성이 있다 읽히기에 각각의 응모처에서 수상할 수 있을지 질문한다.

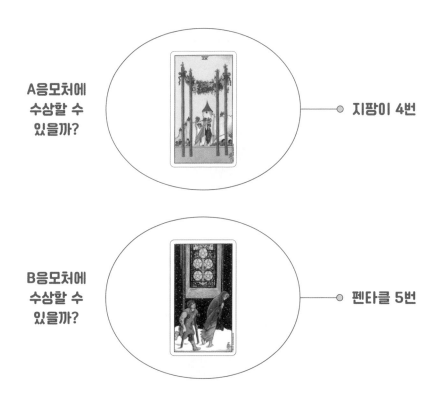

**A응모처에
수상할 수
있을까?**

지팡이 4번

**B응모처에
수상할 수
있을까?**

펜타클 5번

✧ **추가 해석** ✧

A응모처 : 지팡이 4번   B응모처 : 펜타클 5번
수상할 수 있다.   수상이 어렵다.

✧ **상담 후기** ✧

내담자는 A응모처에서만 수상했다고 한다.

✧ **기억하기** ✧

응모한 두 곳을 합쳐서 질문하기보다는 각각 질문하는 것이 좋다.

40대 중반의 회사원이다. 승진 후보자인 경쟁자가 승진할 수 있을까?

타로에 묻다
| 결과 1장 |

지팡이 5번

◆ 한 줄 분석 ◆
같은 카드라도 어느 입장으로 뽑았는지에 따라 해석이 달라진다.

◆ 리아의 해석 ◆
승진을 원하지 않는 본인 또는 경쟁자를 질문 : **지팡이 5번**
승진을 원하지 않는데 승진이 되어서 속상하다. 따라서 승진이 된다.

승진을 원하는 본인, 가족, 지인, 동료 중 질문 : **지팡이 5번**
승진을 원하는데 승진이 안 되어서 속상하다. 따라서 승진이 안 된다.

제삼자가 중립 입장에서 질문 : **지팡이 5번**
통상적으로 승진 후보자 입장에서 뽑아 해석한다. 따라서 승진이 안 된다.

◆ 상담 후기 ◆
내담자가 질문한 경쟁자는 승진되었다.

◆ 기억하기 ◆
긍정 의미의 카드가 뽑히더라도 입장에 따른 해석의 차이를 고민해야 한다.
정치인의 당선 여부를 질문으로 대입해도 된다.

수강생 아들이 사직서를 제출했다. 회사에서는 직원을 구할 때까지 한 달에서 두 달 정도 더 근무해 달라고 요청한다. 퇴사할 수 있을까?

타로에 묻다
| 결과 1장 |

검 6번

◇ **한 줄 분석** ◇

갈등 vs 이동. 검 6번 카드에서 갈등을 해석해야 한다.

◇ **리아의 해석** ◇

배에 꽂혀 있는 여섯 개의 검을 뽑지 않고 앞으로 나아간다는 것은 갈등을 해결하지 않고 묻어 두고 간다는 의미다. 만약 갈등이 있는 채로 나아간다는 의미를 무시하고, 이동에만 의미를 부여하면 긍정으로 해석될까? 그렇지 않다. 갈등 상황은 회사에 사직서를 제출했어도 퇴사하지 못한다는 의미다.

◇ **상담 후기** ◇

회사와 협의해 급여와 강의료가 올랐다고 한다. 퇴사하지 않고 계속 다니기로 했다는 후기다.

◇ **기억하기** ◇

검 6번 카드 의미를 이동에만 둔다면 해석할 때 오류가 생긴다.

인사발령을 앞두고 있다. 혼돈의 현재 부서에 남을지 다른 부서로 갈지 스
스로 선택할 수 없는 상황이라 두렵기는 하지만 어느 부서로 가도 받아들
일 마음의 준비가 되어 있다. 현재 부서와 다른 부서 중 어디로 가게 될까?

타로에 묻다
| 응용 배열, 결과 1장 |

현재 상황
컵 2번

현재 부서
16번 탑

다른 부서
14번 절제

✦ 한 줄 분석 ✦

질문이 분명해야 한다. 어느 부서에 발령받고 싶은지 자신의 마음을 먼저 아는 게 좋다. 한 가지 질문을 해야 명확한 답을 얻을 수 있다.

✦ 리아의 해석 ✦

현재 상황 : 컵 2번

현재 상황 자리는 현재 부서에 남고 싶은지, 다른 부서로 가고 싶은지 파악할 수 있기에 눈여겨 해석해야 한다. 각각의 결과를 감안해서 어느 부서 발령인지를 예측할 수 있다. 컵 2번 카드는 새로운 방향의 제시를 의미한다. 내담자는 기존 부서보다 새로운 부서에 가기를 원하고 있다.

현재 부서 결과 : 16번 탑

그렇다면 현재 부서에서 떠나고 싶지만 그럴 수 없어 무너져 내리는 상황으로 현재 부서에 머물게 될 거라 읽을 수 있다.

다른 부서 결과 : 14번 절제

다른 부서 발령은 컵 2번 카드의 새로운 방향 제시가 될 수 있다. 그러나 절제해야 하는 상황으로 내담자가 원하는 부서로 발령이 쉽지 않다. 따라서 다른 부서로 갈 수 없다.

✦ 상담 후기 ✦

현재 부서에 남게 되었다고 한다. 덧붙여 16번 탑 카드로 "이제 추락만 남은 건가요?"라고 아쉬운 마음을 남겨주었다.

✦ 기억하기 ✦

"어느 부서로 가게 될까?"처럼 막연한 질문보다는 근무하고 싶은 부서를 지목해서 "원하는 부서에 발령받을 수 있을까?"처럼 한 가지 질문으로만 타로를 뽑아야 더 정확하게 해석할 수 있다.

자격증 시험을 보았다. 필기시험 합격자 발표 후에 2차 서류 심사와 3차 면접, 그리고 4차 연수가 진행되는 시험이다. 가채점 결과 합격 점수에서 간당간당한 수준이다. 필기시험에 합격할까?

타로에 묻다
| 결과 2장 |

지팡이 기사
&
펜타클 7번

✧ 한 줄 분석 ✧
같이 뽑힌 카드의 의미를 연결해야 한다.

✧ 리아의 해석 ✧
지팡이 기사

이해관계자 중 누구일까? 내담자로 읽어 합격 여부를 기다리면서 불안한 상황이다.

펜타클 7번

1~2점 차의 만족스럽지 못한 아쉬움으로 읽을 수 있다. 지팡이 기사 카드의 결과는 있으나 마음에 들지 않음을 연결하여 불합격으로 읽을 수 있다.

✧ 상담 후기 ✧
여섯 과목 중 과락은 한 과목도 없었지만 전체 평균 1점이 부족해서 불합격했다고 한다. 덧붙여 1~2점 차 해석을 어떻게 하는지 궁금하다고 질문해주었다.

지팡이 기사 카드는 급하고 불안한 상황으로 결과는 있으나 마음에 들지 않는다는 부정적인 의미가 있다. 마찬가지로 펜타클 7번 카드에서도 만족스럽지 못한 부정의 의미가 있다. 다리 사이에 놓인 하나의 펜타클을 '1~2점만 더 점수가 높았더라면…' 하는 아쉬움으로 연결해 불합격으로 해석할 수 있었다.

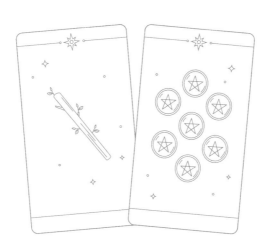

◆ 사례 6 ◆

타로의 매력에 푹 빠져 타로 상점을 차리고 싶어 하는 수강생이다. 하지만
시기를 뒤로 미루며 망설이고 있다. 수업 중 타로 실력을 질문했다.

타로에 묻다
| 결과 2장 |

컵 8번
&
펜타클 9번

◆ 한 줄 분석 ◆

카드 뽑은 순서가 중요하다.

◆ 리아의 해석 ◆

컵 8번

떠나는 뒷모습에서 실력이 부족하다 여기고 있다. 그 부분이 타로 상점을 차
리는데 망설이는 이유가 될 수 있다.

펜타클 9번

그렇더라도 포기하지 않고 열심히 노력해서 스스로 만족하는 수준까지 실력
을 끌어올리려고 한다.

◆ 추가 질문 ◆

수강생들의 리딩이 갈리면서 "실력이 있다고 읽어야 하는 거 아닌가요?"라
는 질문이 있었다. 그렇게 읽으려면 카드의 순서가 바뀌어서 뽑혀야 한다.
순서를 바꾸어 보자.

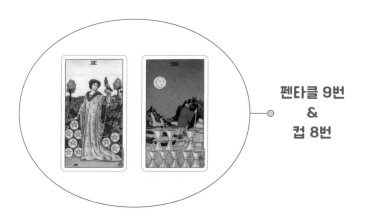

펜타클 9번
&
컵 8번

◈ 추가 해석 ◈

펜타클 9번

열심히 노력하였고, 그 과정이 차곡차곡 쌓여 풍요로운 실력이 되었다.

컵 8번

그러나 떠나는 뒷모습에서 스스로 자신감 있게 표출하지는 못하고 있는 것
같다.

◈ 상담 후기 ◈

"실력이 부족하다고 생각해요. 자신감이 떨어져 시작을 못하는 상황인 것
같기도 하고요. 계속 미련이 남아 리아 선생님과 인연의 끈을 놓지 못하고
배움을 이어가고 있어요. 지금처럼 노력하다 보면 좋은 날이 올 것 같아요."
라는 후기를 전해주었다.

◈ 기억하기 ◈

뽑힌 순서에 따라 해석이 달라질 수 있다. 무엇보다 중요한 건 후기 확인이다.

지인이 사주를 보러 갔더니 2022년 1월에서 2월 사이에 수술할 일이 생긴다고 들었다. 무사히 지나가길 바라는데 불안하다. 현재의 건강 상태가 궁금하다.

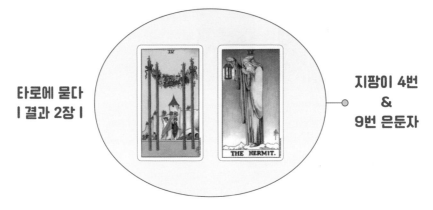

타로에 묻다
ㅣ 결과 2장 ㅣ

지팡이 4번
&
9번 은둔자

◆ 한 줄 분석 ◆
건강 질문에서 지팡이 4번 카드 해석이 중요하다.

◆ 리아의 해석 ◆
지팡이 4번

과거에 치료를 받고 호전되었으나 완치가 아니라는 것을 알 수 있다.

9번 은둔자

고개를 숙인 모습에서 목 디스크를 언급하기도 한다. 하지만 카드 의미로 건강상 안 좋은 곳이 있으며 우울하다고만 읽겠다.

◆ 상담 후기 ◆
지인은 가족력도 있고, 이미 과거에 진단받은 병명이 있어 걱정되고 불안하다고 한다. 치료를 받고 전보다 나아지긴 했지만 꾸준히 관리하고 있다는 후기를 전해주었다. 덧붙여 "왜 제 눈에는 카드가 안 읽힐까요?"라고 적어주었다.

◆ 기억하기 ◆
지팡이 4번 카드는 건강 질문에서 재발 우려의 의미가 있다.

수강생은 어깨가 아파서 진료를 받았다. 아픈 원인이 목에도 있을 수 있어 목등뼈 MRI 검사를 진행하고 진단을 받았다. 보험회사에 진료비와 비급여 MRI 검사비를 청구했다. 의료보험법이 개정되어 질병으로 분류되니 비급여 항목을 급여 항목으로 전환하라고 한다. 그렇지 않으면 보험금을 줄 수 없다는 것이다. 그러나 병원에서는 급여 대상이 아니라고 하여 전환하지 못하고 일단 필요한 추가 서류를 보험회사에 제출하였다. 의료 실비 1세대 실손보험 가입자이다. 청구한 보험금을 다 받을 수 있을까?

타로에 묻다
| 결과 2장 |

펜타클 시종
&
8번 힘

✦ 한 줄 분석 ✦

의료 실비 1세대 실손보험 질병 코드 진단 시, 자기부담금 5,000원을 공제하고 비급여 항목 보험금을 지급한다.

✦ 리아의 해석 ✦

펜타클 시종

이해관계자 중 누구일까? 내담자로 읽어 보험금을 받기 위해 추가 서류를 준비해 제출해야 한다.

8번 힘

순탄하지 않음을 의미한다. 시간이 걸리더라도 자기부담금 5,000원을 제외한 비급여 검사비 전액을 받을 수 있다.

청구한 보험금 전액을 준다는 연락을 받았다고 한다. 보험회사가 말하기를 신경학적 검사를 먼저하고, MRI를 찍어야 하는 게 순서라서 원래대로 하면 지급이 안 되지만, 신경 이상으로 치료 목적이 분명해서 이번만은 지급해주기로 했다는 후기다.

◆ **기억하기** ◆

사례를 분석할 때 급여 항목으로 전환하지 않으면 보험금을 줄 수 없다는 부분은 이해가 되지 않는 내용으로 고민이 필요하다. 내용을 살피지 않고 뽑은 카드만 리딩하는 것은 해석의 한계를 가져올 수밖에 없다.

40대 중반 여자이다. 공인 남자와 새로운 만남을 시작했으며, 외부로 알려지지 않게 조심히 만나고 있다. 첫 번째 상담에서는 계속 잘 만날 수 있을지 궁금해했다. 여러 번 같은 질문을 반복하던 중 그 사람과 헤어지겠다며 상담을 요청했다.

타로에 묻다
| 결과 1장 |

컵 7번

◆ **한 줄 분석** ◆

내담자가 정말로 헤어질 마음이 있는지 확인해야 한다.

◆ **리아의 해석** ◆

내담자가 상대를 매우 좋아한다는 것을 알 수 있다. 자주 연락하고 만나며 모든 것을 공유하고 싶은 마음이다. 하지만 상대는 내담자가 원하는 만큼 시간을 내어주지 못한다. 상대와의 만남에 기대가 높았던 내담자의 마음은 조급해지고 불만은 쌓이게 된다. 내담자가 얼마나 행복한 상황인지 상상이 되는가? 여기서 중요한 것은 헤어질 마음이 전혀 없다는 것이다. 마음과 달리 반대로 질문했다는 것을 알 수 있다.

◆ **상담 후기** ◆

내담자도 가정이 있고 남자도 가정이 있다. 게다가 사업가라 많이 바쁘다고 한다. 통화는 매일 짧게 하지만 원하는 만큼의 통화는 어렵다고 한다. 며칠에 한 번씩 만나는 것보다 매일 만나면서 사랑을 나누고 싶다는 후기다.

내담자의 질문으로 바로 타로를 펼치기보다는 사연을 듣고 상담가가 궁금한 것을 질문하는 방법도 있다. 소통이 잘 이루어져 더 풍요로운 상담이 가능하다.

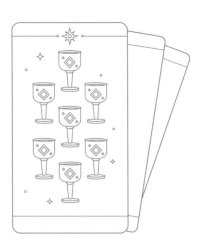

30대 여자 내담자에게 4년 동안 사귄 남자가 있다. 그 사람과의 만남이 도움이 될지 궁금하다.

타로에 묻다
| 결과 2장 |

4번 황제
&
검 7번

◆ **한 줄 분석** ◆

검 7번 카드가 흥미롭다. 내담자에게 사연을 이끌어내고자 한다.

◆ **리아의 해석** ◆

4번 황제

> 김리아 : 고집이 좀 센가요? 자기가 하는 말을 잘 따라주는 사람을 좋아하는데요?
>
> 내담자 : 네.
>
> 김리아 : 이 사람의 성향을 맞추는 것이 좀 불편하지 않아요?
>
> 내담자 : 아니요. 맞추는 거는 괜찮은데 이 사람은 돈이 별로 없는 거 같아요.

검 7번

> 김리아 : 금전적인 부분이 고민이겠어요.
>
> 그럼에도 이 사람에게 끌리는 부분이 있어 보여요. 어떤 점일까요?
>
> 내담자 : 변호사라서….

김리아 : 직업이 안정되고 좋아서 끌리는군요.

　　　　나에게 도움이 되는지를 본다면 그렇다고 읽을 수 있습니다.

내담자 : 그 사람이 결혼하자고 해요.

김리아 : 근데 왜 확신이 없는 거예요?

내담자 : 돈이 없으니까….

김리아 : 그 부분이 중요하긴 하죠.

◆상담 후기◆

안정된 직업이 있어 마음이 흔들리긴 하지만, 직업과 다른 경제적인 부분으로 인해 계속 만날지 내담자는 마음의 갈등을 겪고 있다. 이어서 연락을 주고받는 다른 이성과의 만남은 도움이 될지 추가 상담을 진행했다. 어느 이성을 선택할지는 내담자의 몫으로 남겨두고 상담을 마무리하였다. 사뭇 내담자의 선택이 궁금하다.

◆기억하기◆

검 7번 카드는 손쉽게 이익을 얻기 위해 잔꾀 부리는 계획을 의미한다.

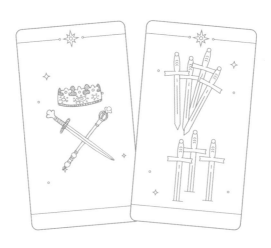

배우자와 이혼을 결심한 40대 중반 주부다. 매우 힘든 상태로 결혼 생활을 유지하다 서로에게 상처만 남기고 별거 중이다. 손찌검 같은 폭력은 없었지만 경찰서에 신고한 적도 있다. 배우자를 여러 차례 설득한 결과 합의 이혼을 약속받았지만, 내담자는 배우자가 약속을 지키지 않을 것 같아서 걱정하고 있다. 가정법원에 제출할 이혼 서류를 준비하고 있다. 이혼과 관련하여 내담자에게 필요한 조언을 먼저 뽑아보기로 했다.

타로에 묻다
| 조언 3장 |

2번 여사제 & 18번 달 & 7번 전차

◆ 한 줄 분석 ◆

사연을 들었을 때 이혼을 준비하는 게 낫겠다.

◆ 리아의 해석 ◆

2번 여사제

여사제가 들고 있는 토라의 문서와 접목하여 이혼 서류를 준비해야 한다.

18번 달

배우자의 약속과 달리 이혼이 안 될 수도 있는 상황에 대비하기를 바란다.
당분간 지금처럼 지내야 한다는 것이다.

7번 전차

당장은 이혼이 어렵더라도 계속해서 이혼을 밀어붙여야 한다.

✧ 추가 질문 ✧

가정법원에 서류를 접수했다. 법원에서 정해준 1차 기일에 배우자는 나오지
않았다. 2차 기일에 배우자가 나올지 궁금하다. 배우자가 합의 이혼 도장을
찍으러 나올까?

타로에 묻다
| 과정 2장,
결과 1장 |

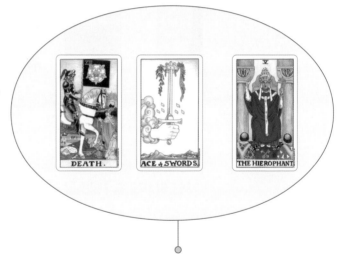

13번 죽음 & 검 에이스 & 5번 교황

✧ 추가 해석 ✧

과정1 : 13번 죽음

배우자도 이혼을 생각하고 있다.

과정2 : 검 에이스

확신이라는 의미가 있다. 다만, 확신으로 해석할 때는 어느 방향일지 구분해
야 한다.

결과 : 5번 교황

아래처럼 과정2 자리 검 에이스 카드와 연결하여 이혼에 대한 확신이라면
합의 이혼이라 읽을 수도 있다. 만약 생각이 바뀌어 이혼 안 한다의 확신이
라면 결혼 생활을 유지하는 갈등으로 읽는다.

✧ 추가 질문 ✧

검 에이스는 어떤 확신인지 갈라서 보기를 해본다.

배우자의 이혼한다 확신인가? ▸ 펜타클 기사

배우자의 이혼 안 한다 확신인가? ▸ 검 6번

◈ 추가 해석 ◈

이혼한다 : 펜타클 기사

이혼을 신중하게 다시 고민하고 있다. 따라서 이혼한다는 확신이 아니다.

이혼 안 한다 : 검 6번

갈등이 있지만 결혼 생활을 유지하려고 한다. 따라서 이혼 안 한다의 확신이다.

결과 : 5번 교황

배우자는 생각이 바뀌어 결혼 생활을 유지하기로 결정했다. 2차 기일에 나오지 않을 것이다.

◈ 상담 후기 ◈

내담자는 2차 기일 가정법원에 출석했지만 배우자가 나오지 않아 합의 이혼을 할 수 없었다는 후기다. 이후 1년이라는 긴 시간 동안 설득하여 결국 합의 이혼이 성사되었다고 전해주었다.

◈ 기억하기 ◈

이혼 질문은 무거운 질문이다. 결혼 생활 유지가 어렵다면 이혼이 성사될 수 있는 방향으로 조언을 고민하게 된다.

배우자가 다른 이성을 만나는 심증은 있지만 물증이 없는 상황이다. 배우자가 바람피우고 있을까?

타로에 묻다
| 결과 3장 |

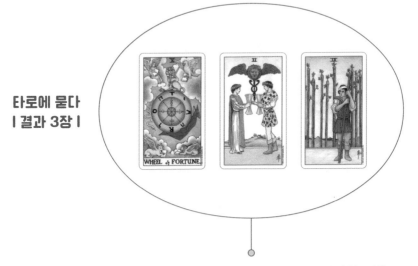

10번 운명의 수레바퀴 & 컵 2번 & 지팡이 9번

◈ **한 줄 분석** ◈

불륜에 관한 질문은 민감하다. 2장이나 3장을 뽑아서 공통점을 파악하는 것이 좋다.

◈ **리아의 해석** ◈

10번 운명의 수레바퀴

배우자의 삶에 운명처럼 새로운 이성이 들어왔다. 만나면서 다툴 때도 있지만 그렇더라도 그 상대가 좋다.

컵 2번

만나면 즐겁고 행복하다. 사랑의 소통이 잘되고 있다.

지팡이 9번

아내에게 의심받고 있다는 걸 알면서도 상대를 놓치고 싶지 않아 몰래 만남을 유지한다. 지키고 싶은 내 사람이라 생각한다.

✦ 상담 후기 ✦

내담자는 심증만 있었으나 물증을 확보하게 되었다고 한다. 그런데 배우자가 바람피우는 대상이 내담자도 알고 지내던 사람이라 충격이 더 컸다고 한다. 이혼을 준비하고 있다는 후기다.

✦ 기억하기 ✦

타로 78장 중 불륜이 아니라고 해석할 수 있는 카드를 알고 있는 게 좋다.

하루 운세가 궁금하다.

타로에 묻다
| 결과 1장 |

컵 시종

◆ 한 줄 분석 ◆
카드 주인공은 컵에 담긴 물고기와 '왜' 눈을 마주하고 있을까?

◆ 내담자와 리아의 해석 ◆
내담자 : 오늘 좋은 소식이 있을까? 나의 어떤 호기심이 발동할까? 오늘
　　　　일정은 치과 가서 충치 두 개 치료할 예정이에요. 쉽게 끝나려나….

내담자 : 치과 잘 다녀왔어요. 아직 2시밖에 안 돼서 카드 결과는 모르겠
　　　　지만 간단히 치료하고 왔어요.

김리아 : 마음의 상태를 들여다보는 하루가 될 수 있습니다. 싫은 감정이
　　　　든 좋은 감정이든 내가 어떤 마음인지 살펴보세요.

◆ 상담 후기 ◆
다음 날 오후 연락 온 내담자는 싫은 감정이 들었다고 전했다. 충치 치료 후
에 힘들어하는 모습을 본 남편이 지나치다고, 1절만 하라는 말에 화가 올라
왔었다고 한다. 서운한 마음을 혼자서 안고 있었다는 후기다.

◆ 기억하기 ◆
'진짜 내 생각이 맞아?' '진짜 내 마음이 무엇이지?' 컵 시종은 내가 생각했
던 마음이나 말에 의문을 던지는 카드라 할 수 있다.

시간의 흐름에 따른 배열법이다. 과거, 현재, 미래의 시간이 흘러가는 순서대로 상황이 변화하며 나타난다. 흐름 배열은 시점을 정하여 1장에서 3장으로 나누어 뽑을 수 있다. 중요한 질문일 경우 흐름 뒤에 결과를 1장 더 뽑는다면 조금 더 정확한 해석이 가능하다.

1. 흐름의 시점에서 과거를 참고

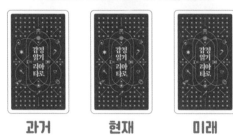

과거   현재   미래

2. 흐름의 시점에서 과거보다는 미래를 참고

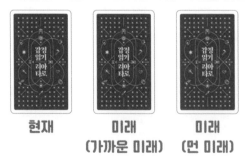

현재   미래   미래
       (가까운 미래)   (먼 미래)

40대 중반 내담자는 여러 달 동안 남편과 무언의 감정싸움을 하고 있었다. 어느 날 갑자기 남편이 짐을 싸더니 본가로 갔다. 남편의 현재 상황이 궁금하다.

타로에 묻다
| 현재 상황 1장 |

컵 8번

✦ 한 줄 분석 ✦
컵 8번 카드에서 세워져 있는 컵의 의미가 중요하다.

✦ 리아의 해석 ✦
크게 싸우지 않았지만 감정 소모로 인해 남편의 마음은 불편하다. 편안한 휴식을 원하는 마음이 떠나는 행동으로 이어졌다. 아내가 나가라고 한 것도 아니다. 그저 남편의 마음이 안정을 원했을 뿐이다. 다투고 나간 것이 아니기에 휴식이 끝나면 다시 돌아올 가능성이 있다.

✦ 상담 후기 ✦
한 달 후 남편이 집으로 돌아왔다는 후기다. 애초에 내담자가 나가라고 말한 것이 아니기에, 남편이 돌아왔을 때 역시 아무 말도 하지 않았다고 한다. 다행히 그 후에 일상을 회복했다고 한다.

✦ 기억하기 ✦
컵 8번 카드는 돌아올 '가능성' 의미가 있다. 다시 말하면, 돌아올 수도 있고 돌아오지 않을 수도 있다. 이번 것은 다시 돌아온 사례였다.

수강생의 지인 남편은 경찰공무원으로 근무지 이동 기간이라 희망 근무지를 신청했다. 예민한 성격이라 걱정도 많고 발령 문제로 스트레스를 받고 있다. 신청한 희망 근무지로 발령이 날까?

타로에 묻다
| 현재 상황 1장,
결과 1장 |

검 9번
&
지팡이 9번

◆ 한 줄 분석 ◆
검 9번 카드는 실체 없이 스트레스를 받는다.

◆ 리아의 해석 ◆
현재 상황 : 검 9번

희망 근무지로 발령이 안 될 것 같아 걱정하며 스트레스를 많이 받고 있다. 정기적인 근무지 이동 때마다 스트레스를 받을 수 있다. 또는 현재 근무지가 불편해서 스트레스를 받고 있는 것 같다.

결과 : 지팡이 9번

걱정과 달리 신청한 희망 근무지로 발령이 날 것이다.

◆ 상담 후기 ◆
다행히 희망 근무지로 발령이 났다고 소식을 전해주었다.

지팡이 9번 카드 주인공이 이마에 띠를 두르고 있어 부정 의미로 오해하기
도 한다. 오류를 고민하기 바란다.

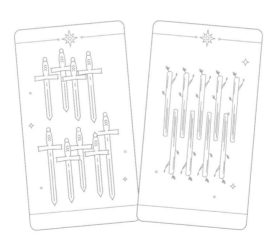

타로 상점을 차릴 예정인 수강생이다. 같이 공부하는 지인이 타로 상점에서 상담을 같이 하자고 제안했다. 지인과 잘할 수 있을까?

타로에 묻다
ㅣ 현재 상황 2장 ㅣ

18번 달
&
9번 은둔자

◈ 한 줄 분석 ◈

"잘할 수 있을까?"내담자의 질문에 뽑힌 2장의 카드는 두 가지 방향으로 해석이 갈라진다. 지인은 상담을 같이 하자고 제안했지만, 정확한 리딩을 위해 질문을 두 가지로 구분했다.

◈ 리아의 해석 ◈

첫 번째 질문 : '상담'을 잘할 수 있을까?

18번 달

상담에 있어 영적인 기운이 강한 의미로 상담을 잘할 수 있다.

9번 은둔자

역시 상담에 있어 영적인 기운이 강한 의미로 상담을 잘할 수 있으며, 기대하고 있는 내담자의 현재 상황이다.

두 번째 질문 : '운영'을 잘할 수 있을까?

18번 달

운영에 있어서는 모호함과 불안함이 있다.

9번 은둔자

소통이 어렵고 고립되는 상황으로 읽어야 한다. 그러므로 운영을 잘한다고 볼 수 없으며, 우려하는 내담자의 현재 상황이다.

✧ 상담 후기 ✧

수강생은 지인과 같이할 때 상담 부분보다는 실제로 운영이 잘 될지가 궁금해 질문했다고 전해주었다. 해석의 반전이 있었던 사례다.

✧ 기억하기 ✧

내담자의 질문 의도를 잘 파악해야 한다. 사소해 보이지만 질문의 차이를 느껴야 한다. 목적어에 의해 해석이 달라지기도 한다.

40대 초반 임신부다. 임신 5주 차 초음파 검사에서 난황과 태아가 안 보이는 텅 빈 아기집만 보았다. 나이가 많고 초산이라 걱정이 많다. 의사는 일주일 뒤에 다시 검사해보자 한다. 태아가 건강하게 잘 있을까?

타로에 묻다
I 흐름 2장,
결과 1장 I

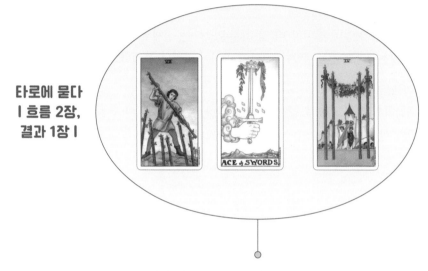

지팡이 7번 & 검 에이스 & 지팡이 4번

◇ **한 줄 분석** ◇
검 에이스와 지팡이 4번 카드 해석이 중요하다.

◇ **리아의 해석** ◇
현재 : 지팡이 7번
보통 5주 차에 태낭이 6밀리미터 정도의 크기로 보인다면 정상적인 임신이라 간주한다. 그렇더라도 지팡이 7번 카드가 뽑힌 것을 보아 힘겨운 상황임을 알 수 있다.

미래 : 검 에이스
의미하는 것이 무엇일까? 고민이 필요하다. 원소가 검이기에 수술과 연결하여 유산으로 읽는 사람도 있다. 그러나 검이라고 해서 무조건 수술로만 해석

할 수는 없다. 임신 초기에 자궁 안에 수정란이 자리를 잡지 못하면 자연 유산이 되어 수술하지 않는다. 그렇다면 그림에서 검을 쥐고 있는 손처럼 태아는 엄마의 자궁에서 꼭 잡고 버티려 한다고 읽을 수도 있다. 하지만 결과 자리 지팡이 4번 카드와 연결할 때 긍정으로 읽기가 어렵다.

결과 : 지팡이 4번

'리아의 타로 이야기' 밴드에서 처음에 사례를 접했을 때는 '무사하겠구나!' 라고 읽었다. 그러나 건강 질문에서 지팡이 4번 카드는 '일시적'이라는 의미를 갖고 있다. 따라서 아기집에 태아가 보일 수 있지만, 지팡이 7번 카드의 힘겨움과 연결하여, 검 에이스 카드의 강한 의지더라도 태아는 아무래도 오래 버티지 못할 것 같다.

◈ 상담 후기 ◈

다행히 일주일 뒤에 아기집에 태아가 확인되었다고 한다. 그러나 한 달이 지나고 결국 유산되었다는 안타까운 소식을 접했다.

◈ 기억하기 ◈

건강 질문에서 검 원소가 모두 수술로 연결되는 것은 아니다.

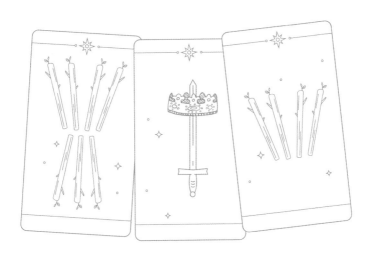

수강생이 지인 사례로 상담을 요청했다. 여자 내담자다. 결혼할까?

타로에 묻다
| 흐름 2장,
결과 1장 |

2번 여사제 & 7번 전차 & 11번 정의

✦ 한 줄 분석 ✦

질문이 의미심장하다. 질문 의도를 파악해보자.

✦ 리아의 해석 ✦

보통은 "결혼할 수 있을까?"를 묻는다. 그러나 내담자는 "결혼할까?"를 물었다. 질문의 차이가 느껴져야 한다.

현재 : 2번 여사제

토라의 결혼 문서 의미보다는 가슴앓이 의미가 먼저 떠오른다. 왜일까? 내담자의 질문에서 결혼할 상대는 있으나, 결혼하고 싶다는 바람보다는 결혼 자체가 고민이라는 게 느껴진다. 따라서 내담자는 상대와 결혼을 할지 말지 선택하고 싶은 마음이라는 것을 알 수 있다. 결혼에 있어 고민되는 사연이 있으리라 판단된다. 해석에 있어 중요한 부분이라 할 수 있다.

미래 : 7번 전차

2번 여사제의 사연과 가슴앓이는 이 카드에 있다. 이성 상대로 읽어 좋은 점
도 있을 것이다. 하지만 막무가내로 앞만 보고 달려나가며 주변을 살피지 않
는 성향은, 내담자의 인내심을 시험하는 상황으로 이어진다. 평소에는 괜찮
지만 무언가에 꽂히게 되면 내담자는 안중에 없을 수 있다. 배려심이 없을
것으로 읽어진다.

결과 : 11번 정의

많이 고민하고 있다. 결혼할 수 없다.

✧ 상담 후기 ✧

2021년 1월에 상담하고 8월에 확인한 결과 결혼을 못 했다는 후기다.

✧ 기억하기 ✧

11번 정의 카드를 법적 문서로만 읽을 것인가? 이 사례에서는 그렇게 읽을
수가 없다. 왜일까? 2번 여사제 카드의 사연과 가슴앓이, 그리고 11번 정의
카드의 고유 의미를 무시할 수 없기 때문이다.

11번 정의 카드가 의미하는 '법'이란 무엇일까? 많은 분이 공정한 판결의 긍
정 의미로만 알고 있지만 그렇지 않다. 양쪽 두 개의 원기둥과 똑바로 서 있
는 검, 그리고 저울의 의미를 올바르게 알고 있어야 해석에 오류가 없다.

반영구 기술이 있는 내담자다. 베트남에 진출하기 위해 현지 동업자와 협의 중에 있다. 동업자와의 관계가 어떻게 진행될까?

타로에 묻다
l 흐름 3장 l

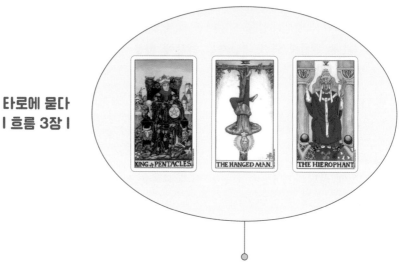

펜타클 왕 & 12번 매달린 남자 & 5번 교황

◈ 한 줄 분석 ◈

12번 매달린 남자 카드를 사이에 두고 양옆에 있는 펜타클 왕과 5번 교황 카드가 흥미롭다. 12번 매달린 남자의 정체를 주도하는 사람이 펜타클 왕이자 교황이 될 것이다.

◈ 리아의 해석 ◈

과거 : 펜타클 왕

이해관계자 중 누구일까? 동업하는 부분에 있어 정확하게 따지고 계산하는 인물이다. 조건에 맞지 않으면 현재 자리 12번 매달린 남자 카드와 연결하여 언제든지 진행을 멈추게 할 수 있다. 이해관계자 중 누가 펜타클 왕일까? 고민이 필요하다. 상담 시 내담자라는 답변을 들었다.

현재 : 12번 매달린 남자

흐름이 발전하거나 나아가지 못하고 제자리에 멈추어 있다. 현재 한쪽에서는 계약 내용이 마음에 들지 않아 보류한 상황이다. 정체를 주도하는 자가 누구일까? 좀 더 유리한 조건으로 계약을 성사시키기 위해 시간을 끌 것이다. 앞서 펜타클 왕이 내담자라는 답변을 들었으므로, 12번 매달린 남자 카드의 정체를 주도하는 사람 역시 내담자다. 내담자는 견딜 수 있지만 동업자는 당하는 입장이기에 불편한 시기를 겪고 있을 것이다.

미래 : 5번 교황

갑과 을의 관계이다. 동등한 입장이 아닌 상하 수직적인 갈등 관계라 할 수 있다. 미래에는 정체 상황이 풀리게 될 것이다. 펜타클 왕인 내담자가 정체를 주도하고 있기에 앞으로 수익을 나눌 때도 교황의 갑 위치에서 원하는 방향으로 유리하게 사업을 진행하게 될 것이다.

✧상담 후기✧

내담자는 수익 배분에 있어 좀 더 유리한 조건으로 계약을 성사시키기 위해 동업자와 사업 진행을 잠시 멈춘 상태라고 한다.

✧기억하기✧

12번 매달린 남자와 5번 교황 카드가 어느 입장인지 구분해야 한다.

자동차 접촉사고가 있었고 6개월가량 입원과 통원 치료를 받았다. 과실 차량 측 보험사에서 합의금을 제시하고 있으나, 기대치에 못 미쳐 보류하고 있다. 원하는 금액으로 합의가 이루어질까?

타로에 묻다
l 흐름 3장 l

컵 왕 & 11번 정의 & 검 왕

◆ 한 줄 분석 ◆

11번 정의 카드에 의해 곧 합의가 될 것이다. 그러나 원하는 금액에 미치지 못한다.

◆ 리아의 해석 ◆

현재 : 컵 왕

이해관계자 중 누구일까? 내담자로 읽어 합의금을 많이 받고 싶다. 그러나 주장하지는 않는다.

미래 : 11번 정의

조만간 합의할 것이다. 내담자가 원하는 금액보다 불리하게 합의될 수 있다.

미래 : 검 왕

이해관계자 중에서 누구일까? 보험사로 읽어 칼자루를 쥐고 있는 것은 보험 사이므로, 11번 정의 카드를 연결하여 내담자가 원하는 합의금을 받기는 어렵겠다.

◈ 상담 후기 ◈

상담한 다음 날 보험사에서 연락이 왔고, 내담자는 당시 500만 원의 합의금을 제시하였다. 보험사는 450만 원까지만 지급할 수 있고, 그 이상은 안 된다고 하여 450만 원에 합의했다는 후기다.

◈ 기억하기 ◈

11번 정의 카드는 갈등을 드러내고 분쟁을 조정해 곧 결정이 난다는 의미가 있다.

수강생의 대학생 자녀가 컴퓨터 활용 시험을 보았다. 자격증 시험에 합격할까?

타로에 묻다
| 흐름 3장 |

지팡이 여왕 & 검 기사 & 지팡이 7번

◈ 한 줄 분석 ◈

현재 자리의 검 기사 카드 해석이 중요하다. 질문한 시점을 감안해서 해석해야 한다.

◈ 리아의 해석 ◈

과거 : 지팡이 여왕

이해관계자 중 누구일까? 자녀로 읽어 어느 정도 자신감 있게 준비하고 시험을 치른 과거였다.

현재 : 검 기사

이해관계자 중 누구일까? 자녀로 읽어 시험을 보고 난 후 합격 발표를 기다리며 뽑은 현재 상황이다. 시험 치르기 전의 준비가 미흡하거나 또는 마음이 앞선 상황으로 읽기보다는, 과거 자리의 지팡이 여왕 카드와 연결하여 시험에 합격할 거라는 나름의 자신감으로 읽어야 한다.

미래 : 지팡이 7번
힘겨운 상황이지만 1~2점 차로 턱걸이 합격을 예상한다.

✧ 상담 후기 ✧
3점 턱걸이로 합격했다고 한다. 덧붙여 1~2점 차 해석을 어떻게 하는지 궁금하다고 질문해주었다.

✧ 기억하기 ✧
과거 자리 지팡이 여왕과 현재 자리 검 기사 카드의 긍정 의미를 연결하여 미래 자리 고군분투하는 지팡이 7번 카드 의미에서 긍정과 부정의 갈림을 턱걸이 합격으로 연결할 수 있다.
지팡이 여왕과 검 기사를 부정 의미로 알고 있는가? 코트(인물) 카드의 온전한 의미를 고민해야 한다.

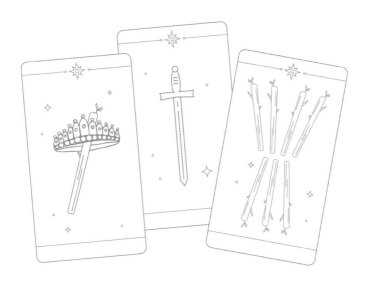

이 배열에서는 결과만큼 과정도 중요하다. 과정은 일이 되어 가는 경로로 결과의 원인이 되기도 한다. 다시 말하면, 결과에 영향을 준 원인을 과정 자리에서 파악하고, 그 원인에 의해 결과적으로 일어난 일을 설명한다. 과정은 1장에서 2장으로 나누어 뽑을 수 있다. 결과도 여러 장을 뽑을 수 있으나 1장으로 뽑아서 해석하는 게 좋다.

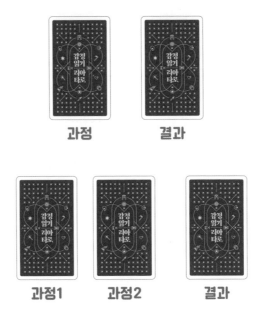

과정   결과

과정1   과정2   결과

심사 후 보험금이 나온다고 하는데 생각보다 늦어지고 있다. 보험금 지급 금액이 어느 쪽으로 결정될까?

타로에 묻다
| 과정 1장, 결과 1장 |

A보험금

지팡이 왕
&
컵 3번

B보험금

지팡이 기사
&
14번 절제

✦ 한 줄 분석 ✦
A보험금과 B보험금 지급 금액이 다를 것이다.

추가적인 정보 없이 카드만 참고할 때 B보상금이 더 높고, 상대적으로 A의 보상금이 낮을 것으로 판단된다.

A보험금

과정 : 지팡이 왕

이해관계자 중 누구일까? 내담자로 읽어 보험금을 무난하게 받을 수 있다.

결과 : 컵 3번

보험금을 수령하고 즐거운 모습이다.

B보험금

과정 : 지팡이 기사

이해관계자 중 누구일까? 내담자로 읽어 보험금 지급 금액이 더 많아 받고 싶다. 하지만 그렇게 되지 않을 것 같아 불안하다. 빨리 결정되기를 바라는 마음이다.

결과 : 14번 절제

받고 싶은 마음과 달리 절제해야 하는 상황이다. 따라서 보험금을 받지 못한다.

◈ **상담 후기** ◈

"A보험금은 2,000만 원이고, B보험금은 5,000만 원 정도에요. 금액 차이가 크지만 A보험금으로 결정 나더라도 재심사를 요구할 생각은 아니에요."
2주 뒤에 보험 담당자로부터 A보험금으로 최종 결정되었다고 연락받고 오후에 입금되었다는 후기를 남겨주었다.

◈ **기억하기** ◈

과정 자리의 두 코트(인물) 카드 의미를 비교해 보자. 그리고 14번 절제 카드 의미를 잘 적용하기 바란다.

연애 경험이 없는 30대 초반 여자 내담자다. 소개받은 남자와 두 번째 만나기로 했다. 그 사람과의 만남이 계속 이어질까?

타로에 묻다
| 과정 2장,
결과 1장 |

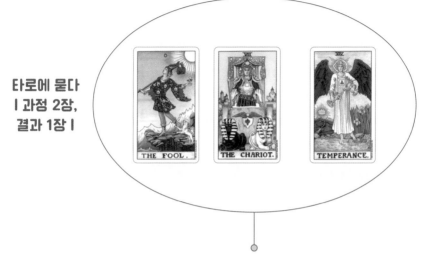

0번 광대 & 7번 전차 & 14번 절제

◆ 한 줄 분석 ◆
메이저 0번 광대와 7번 전차 카드는 '상황' 또는 '인물' 두 가지 방향으로 해석이 달라질 수 있다.

◆ 리아의 해석1 ◆
과정1 : 0번 광대
가볍게 만남을 시작한다.

과정2 : 7번 전차
점점 매력에 이끌려 나의 사람으로 만들고 싶은 의지가 생긴다.

결과 : 14번 절제

그림에서 들고 있는 컵의 물이 섞이는 것처럼 서로의 성향을 절제하며 밀접한 연인 관계로 만남이 계속 이어지겠다.

✦ 리아의 해석2 ✦

과정1 : 0번 광대

가벼운 만남을 원하는 인물이다. 그렇다면 두 명 중에 누구일까?

과정2 : 7번 전차

매력에 이끌려 나의 사람으로 만들고자 하는 의지가 있는 인물이다. 역시 두 명 중에 누구일까?

결과 : 14번 절제

그림에서 들고 있는 컵의 물이 섞이는 것처럼 한 번 섞이면 다시 분리되기 어렵다. 그렇기에 신중하게 만남을 고민해야 한다. 서로 섞이기를 바란다면 더없이 좋으나, 인물의 성향이 달라서 한쪽에서만 섞이기를 바란다면 아쉬운 상황이 될 수 있다. 이 만남은 이어지지 못한다.

✦ 상담 후기 ✦

두 번째 만남 이후 헤어졌다고 한다. 한쪽에서는 계속 만나고 싶었지만 다른 한쪽에서는 원하지 않았다는 후기다.

✦ 기억하기 ✦

첫 번째 리딩으로 해석하여 후기가 맞지 않았던 사례다. 타로가 안 맞는 것이 아니라 온전하게 해석하지 못한 경우다.

수강생이 지인의 사례로 상담 요청했다. 3개월 안에 결혼할 수 있을까?

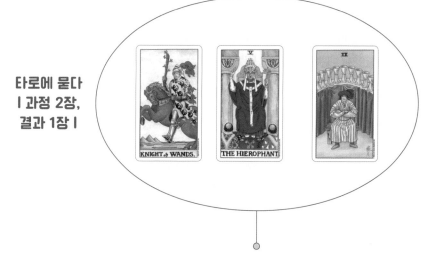

타로에 묻다
| 과정 2장,
결과 1장 |

지팡이 기사 & 5번 교황 & 컵 9번

◈ 한 줄 분석 ◈

"~ 할 수 있을까?"하는 질문의 유형은 선택이 아닌 기다려야 하는 의미가 있다. 결과 자리 컵 9번 카드의 해석이 중요하다.

◈ 리아의 해석 ◈

과정1 : 지팡이 기사

이해관계자 중 누구일까? 지팡이 기사가 누구든 3개월 안에 결혼을 서두르고자 한다. 상대를 많이 좋아하나 보다. 그러나 서두르는 만큼 준비가 미흡하다고 읽을 수 있다.

과정2 : 5번 교황

결혼이라는 의미가 있다. 소개받아서 결혼으로 이어진다고 읽을 수도 있다. 사랑이라는 감정보다 경제적인 부분이나 다른 조건이 맞아 결혼을 생각했을 수 있다.

결과 : 컵 9번

결혼해도 되겠다 싶은 만족스러운 상황이라 읽을 수 있다. 그러나 두 번째 과정 자리에 결혼 의미가 있는 5번 교황 카드임에도 불구하고 결과적으로 결혼할 수 없다. 왜일까? '우리의 만족'이 아니라 '나만의 만족'으로 끝나는 아쉬움이 있기 때문이다.

◈상담 후기◈

6개월 후 확인한 결과 결혼하지 못했다.

◈기억하기◈

예로부터 '결혼은 인륜지대사'라 하였다. 인륜지대사란 인간의 일생에서 치르게 되는 '큰 행사'를 가리키며 관혼상제를 지칭한다. 관(冠)은 성인식, 혼(婚)은 혼인, 상(喪)은 장례, 제(祭)는 제사를 의미한다.

컵 9번 카드는 결혼할 수 있는 힘이 부족하다.

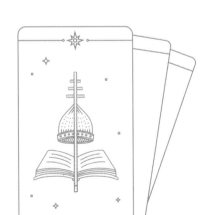

수강생의 아들이 만나던 연상의 여자친구가 동시에 다른 이성을 만나 헤어졌다고 한다. 앞으로 둘의 관계가 궁금하다. 정말 헤어졌을까?

타로에 묻다
I 과정 2장,
결과 1장 I

지팡이 시종 & 지팡이 여왕 & 컵 10번

◆ 한 줄 분석 ◆

코트(인물) 카드는 '이해관계자 중 누구인가?'에 따라 해석이 달라진다. 성별로 일차적인 대입을 할 수 있으나 오류가 생긴다.

◆ 리아의 해석 ◆

과정1 : 지팡이 시종

이해관계자 중 누구일까? 아들일 경우 새로운 이성을 만나고자 시도한다.

과정2 : 지팡이 여왕

이해관계자 중 누구일까? 여자친구일 경우 헤어진 아들과 다시 만나기 위해 노력한다.

결과 : 컵 10번

헤어지는 의미가 없다. 두 사람은 다시 만난다.

과정1 : 지팡이 시종

이해관계자 중 누구일까? 여자친구일 경우 헤어지기 전 동시에 만났던 다른 이성을 계속 만나는 시도를 한다.

과정2 : 지팡이 여왕

이해관계자 중 누구일까? 아들일 경우 헤어진 여자친구와 다시 만나기 위해 노력한다.

결과 : 컵 10번

헤어지는 의미가 없다. 두 사람은 다시 만난다.

❖ **추가질문** ❖

다시 만나기 위해 지팡이 여왕으로 노력하는 사람이 누구일까?

갈라서 보기를 해본다.

아들이 지팡이 여왕인가? ▸ 펜타클 6번

여자친구가 지팡이 여왕인가? ▸ 검 9번

아들이 지팡이 여왕 : 펜타클 6번

주도하는 자의 선택에 달렸다. 아들은 여자친구가 마음에 들면 다시 만나고, 마음에 안 들면 새로운 사람을 만나겠다는 주도권을 갖고 있다. 따라서 아들이 노력하지 않는다.

여자친구가 지팡이 여왕 : 검 9번

동시에 다른 이성을 만나 헤어지는 원인을 제공한 여자친구는 스트레스가 이만저만이 아니다. 왜일까? 지팡이 여왕으로 보아 헤어진 남자친구를 다시 만나고 싶지만, 남자친구가 싫다고 하면 어쩌나 걱정이 많다. 따라서 여자친구가 노력할 것이다.

◈ 상담 후기 ◈

며칠이 지나 아들에게 물어보니 여자친구가 다시 만나자고 했다는 후기다. 이후 한 달 뒤 수업에서 놀라운 이야기를 듣게 되었다. 아들에게 관심 있던 선배가 만나보자고 했다는 것이다. 아들도 호감이 가서 그러고 싶었지만, 헤어진 여자친구가 붙잡아 선배를 정리했다는 후기다. 덧붙여 아들에게 새로운 이성이 있을까 싶었는데 신기했다는 소감을 전해주었다.

◈ 기억하기 ◈

아들을 지팡이 시종으로 읽는 게 맞다. 헤어진 후 새로운 이성을 만나려고 시도하지만 지팡이 여왕의 노력에 두 사람이 다시 만난다고 읽어야 한다.

양자택일 배열법은 제3장 '과정과 결과 배열'에 포함되기도 한다. 이 배열 역시 결과만큼 과정도 중요하다. 차이가 있다면 A와 B의 선택 대상이 다를 때 양자택일 배열을 사용한다. 대상이 여러 개일 때 삼자택일, 사자택일 등의 배열로 활용할 수 있다. 주의할 점은 질문의 대상이 하나일 때는 양자택일 배열을 사용하지 않는다. 예를 들어 "퇴사를 할까? 말까?"는 양자택일 배열과 맞지 않는다.

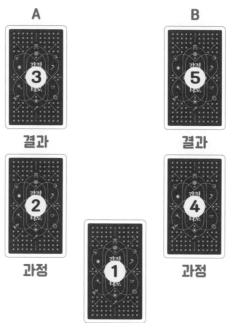

1번 고민되는 현재 상황
뽑힌 카드에서 고민 여부를 파악할 수 있는 중요한 자리이다. 이후 어느 쪽을 선택할지 해석이 수월해진다.
2번 A대상 과정   3번 A대상 결과   4번 B대상 과정   5번 B대상 결과
이 순서대로 타로를 뽑는다.

거주 중인 집을 부동산을 통해 매도하였다. 현재 살고 있는 경기도에서 전세를 알아볼지, 서울에서 새 아파트를 매수할지 고민이다. 어느 쪽을 선택하면 좋을까?

타로에 묻다
| 양자택일 배열 |

경기도 전세   서울 매수

✦ 한 줄 분석 ✦

고민되는 현재 상황 자리를 눈여겨 해석해야 한다. 고민되는 상황인지, 고민되지 않는 상황인지 파악이 가능하다.

고민되는 현재 상황 : 지팡이 9번

내담자는 지역에 대한 고민이 없다. 경기도에서 계속 살고 싶다. 고민이 이미 끝났다는 말이다.

경기도 전세

과정 : 12번 매달린 남자

그러나 전세 물량이 많지 않다. 골라서 계약할 수 있는 상황은 아니다.

결과 : 지팡이 기사

이해관계자 중 누구일까? 내담자로 읽어 현재 살고 있는 경기도에 전세 계약하기 위해 서두른다. 선택의 폭이 좁아 만족스럽지 않은 결과를 가져올 수 있다.

서울 매수

과정 : 컵 10번

지리적인 장점과 새 아파트에 대한 기대감이 있다.

결과 : 검 왕

내담자는 경기도를 선호하지만, 서울을 주장하는 검 왕이 있다. 이해관계자 중에 누구일까? 남편이라는 답변이다.

◆ **상담 후기** ◆

"새 아파트도 좋지만 살던 동네가 편하다고 남편을 설득했어요. 경기도에 전세 물량이 적어 급하게 결정한 집에 가계약금을 걸었죠. 그런데 얼마 뒤 계약된 집의 세입자 문제로 가계약금을 돌려받고 계약 취소가 되었어요. 바로 아파트 매수로 방향을 바꿔 같은 동네에 두 달간 비어 있던 집을 계약하게 되었습니다. 그리고 수리비가 생각보다 많이 나와 예상하지 못했던 비용의 지출도 있었어요."라고 후기를 남겨주었다.

◆ **기억하기** ◆

지팡이 기사 카드는 행동의 결과가 만족스럽지 못하다는 의미가 있다.

고등학교 1학년 딸이 기숙사에서 생활하고 있다. 앞으로 집에서 학교를 다닐지 그대로 기숙사 생활을 할지 고민이다. 어느 쪽을 선택하면 좋을까?

타로에 묻다
| 양자택일 배열 |

기숙사	집

✦ 한 줄 분석 ✦

컵 2번 해석이 중요하다. 고민하는 카드인가?

고민되는 현재 상황 : 컵 2번

새로운 방향으로 서로 소통한다는 의미로 해석하겠다. 기존처럼 기숙사에서 생활하는 것보다는 집에서 통학을 생각한다.

기숙사
과정 : 2번 여사제

실망이든 오해든 한번 생기기 시작한 상처는 쉽게 낫지 않는다. 여사제는 아픔을 드러내는 성향이 아니다 보니 학기 초부터 기숙사 생활을 하는 동안 받은 상처가 조금씩 곪은 듯하다.

결과 : 4번 황제

기숙사 생활을 계속하다 보면 조금씩 안정을 되찾고 성적도 오를 수 있다. 그러나 2번 여사제 카드와 연결하여 외로운 황제다. 스트레스가 있을 것 같다.

집
과정 : 펜타클 9번

집에서 다녀도 얼마든지 공부할 수 있다.

결과 : 펜타클 에이스

어느 정도 성과도 있겠다. 따라서 고민되는 현재 상황 자리 컵 2번 카드와 연결하여 새롭게 집에서 통학할 것이다.

◆ **상담 후기** ◆

그동안 기숙사 룸메이트와 갈등으로 힘들었다고 한다. 결국 집에서 통학하며 학원을 다니기로 결정했다고 전해주었다.

◆ **기억하기** ◆

컵 2번 카드는 서로 컵을 맞교환한다는 의미가 중요하다.

수강생의 지인으로 공인중개사 시험을 준비하고 있다. 학원을 다니려고 하는데 세 곳 중에 A학원은 수강료가 가장 비싸서 엄두를 못 내고, M학원이나 B학원을 고민하고 있다. 어느 학원이 좋을까?

타로에 묻다
| 삼자택일 배열 |

M학원	B학원	A학원

◈ **한 줄 분석** ◈

컵 6번 카드 파악이 중요하다. 고민되는 상황인가?

고민되는 현재 상황 : 컵 6번

학원 선택의 고민이 없다. 이미 내담자가 생각하는 기준이 있다는 것이다. 어느 학원을 가는 게 좋다고 조언해도 크게 의미가 없다. 이 사례의 포인트는 M학원 결과 자리 11번 정의와 B학원 과정 자리 펜타클 7번 카드다. 왜 뽑혔는지 의미를 꼭 살펴야 한다. 사연과 연결된 내용이 해소되면 그 이후에 내담자는 선택하게 될 것이다.

M학원

과정 : 21번 마법사

좋은 점이 있다.

결과 : 11번 정의

그럼에도 내담자가 걱정하고 망설이는 이유가 있을 것이다.

B학원

과정 : 펜타클 7번

만족스럽지 못한 이유가 있을 것이다.

결과 : 컵 왕

마음에 걸리는 그 부분이 컵 왕이 선택하지 못하고 망설이는 이유가 된다.

A학원

과정 : 4번 황제

규모도 있고 안정적인 학원이라 읽을 수 있다.

결과 : 펜타클 여왕

이해관계자 중 누구일까? 내담자로 읽어 위에서 이야기한 것처럼 수강료가 가장 비싸다 보니 내담자의 지출이 많을 거라 읽어야 한다. 내담자가 수강료의 부담을 느껴 선택에서 제외하기로 한 학원이다.

◈ 중간 후기 ◈

조언하기 위해 11번 정의와 펜타클 7번 카드에 해당하는 사연을 물어보았다. 내담자는 B학원이 직장에서 가장 가까워 다니기 편하지만, 혼자 밥을 먹는 게 싫어 선택을 망설였다고 한다. 그 부분이 펜타클 7번 카드로 설명되고 있다.

그리고 M학원은 직장에서 좀 멀지만, 지인이 등록하려는 학원이다. 같이 공부도 하고 혼자 밥을 먹지 않아도 되는 좋은 점이 있다. 그러나 지인이 확실하게 결정하지 않아 내담자가 스트레스를 많이 받는다고 했다. 그 부분이 11번 정의 카드로 설명되고 있다.

사연을 듣고 나니 지인이 M학원에 다니지 않는다면 역시 혼자 밥을 먹어야 한다. 그렇다면 직장에서 가까운 B학원을 선택하는 게 나을 수 있다.

이 사례에서 중요한 부분은 내담자의 학원 수강 선택의 열쇠는 바로 지인에게 있다는 것이다. 고민되는 현재 상황에서 컵 6번 카드가 나온 이유다.

내담자는 지인이 수강을 결정하면 같은 학원으로 등록하려는 기준으로 타로를 뽑은 것이다. 그렇다면 지인의 M학원 수강 여부를 추가 질문하면 좋겠다는 조언을 해주었다.

◈ 상담 후기 ◈

얼마 후 지인이 M학원으로 결정하여 같이 접수했다는 후기다.

◈ 기억하기 ◈

타로를 점을 보는 도구보다는 상담의 도구로 내담자의 상황을 이해하고 조언하는 방향으로 사용해야 한다.

말의 발굽 모양 배열로 '말편자 배열'이라고도 한다. 각 자리마다 의미가 있으며, 조금씩 다르게 응용할 수도 있다. 내담자와 소통을 잘할 수 있는 의미로 활용하면 된다.

내가 바라지 않는 것

내가 바라는 것

가까운 미래

현재 상황

먼 미래

1번 현재 상황
질문하고 있는 현재 상황을 의미한다.

2번 내가 바라는 것
뽑힌 카드의 내용으로 어떤 일이나 상태가 이루어지거나 그렇게 되었으면
하고 바라는 것을 의미한다.

3번 내가 바라지 않는 것
뽑힌 카드의 내용으로 어떤 일이나 상태가 그렇게 되는 것을 원하지 않음을
의미한다.

4번 가까운 미래
앞으로 다가올 짧은 시간의 미래 상황을 의미한다.

5번 먼 미래
앞으로 다가올 시간상 좀 더 먼 미래 상황을 의미한다.

애인이 나에게 금전적인 도움을 주나?

타로에 묻다
| 말발굽 배열 |

◆ 한 줄 분석 ◆
질문이 의미심장하다. 질문의 의도를 파악해보자.

◆ 리아의 해석 ◆
금전적인 도움이 용돈을 의미하는지 궁금하다. 현재 상황 자리 컵 6번 카드는 과거와 연결점이 있다. 도움이 과거에서부터 이어져 왔음을 알 수 있다.

현재 상황 : 컵 6번
과거에 금전적인 도움을 받은 적이 있어 현재도 받을 거라 기대하고 있다.

내가 바라는 것 : 검 3번

상처받기를 원한다. 그 의미는 차라리 애인이 금전적인 도움을 주지 않기를 바라는 것과 같다. 왜일까? 이미 마음에 들지 않는 부분이 있기에 애인이 금전적인 도움을 주지 않는다면 이참에 끝내려는 것이라고 읽을 수 있다. 또는 상대가 원하는 것을 주지 않으면서, 내담자가 받은 상처를 똑같이 되돌려주려는 것일 수도 있다.

내가 바라지 않는 것 : 펜타클 7번

금전적인 도움의 규모가 작은 것을 바라지 않는다. 이왕 애인이 도움을 주려면 내담자가 생각하는 규모여야 한다.

가까운 미래 : 3번 여황제

금전적인 도움을 넉넉히 받는다고 읽을 수 있다.

먼 미래 : 펜타클 왕

이해관계자 중 누구일까? 내담자로 읽는다면 애인에게 금전적인 도움만 받고 싶다. 내담자 기준에 만족되면 계속 만나고, 만족스럽지 못하면 헤어지려는 계산일 수 있다.

애인으로 읽는다면 금전적으로 베푸는 만큼 내담자에게 요구사항이 많아질 수도 있다. 그리고 펜타클 왕이 까다로운 인물은 맞지만 마음에 들면 더없이 내담자에게 잘해줄 것이다.

✦상담 후기✦

'리아의 타로 이야기' 밴드에 게시된 사례였으나 탈퇴로 답변을 듣지 못했다.

✦기억하기✦

3번 여황제와 펜타클 왕 관계에서 스폰서(후원자)를 연결할 수도 있다.

현재 직장생활에서 소통이 어려워 상처가 있는 내담자다. 이직할 수 있을까?

타로에 묻다
| 말발굽 배열 |

✦ 한 줄 분석 ✦
내가 바라는 것 자리와 내가 바라지 않는 것 자리의 해석이 중요하다.

✦ 리아의 해석 ✦
현재 상황 : 펜타클 8번

부족한 부분을 채우려 차근차근 노력하며, 조건에 맞는 회사를 열심히 찾고 있다.

내가 바라는 것 : 검 왕

이해관계자 중 누구일까? 내담자로 읽어 퇴직하는 상황을 주도하고 싶다. 사직서도 척척 내고 원하는 곳으로 이직도 하고 말이다.

내가 바라지 않는 것 : 지팡이 8번

이직하려면 준비할 것이 많아 급하게 흘러가는 것을 바라지 않는다.

가까운 미래 : 검 3번

아무래도 가까운 시일 내에 이직은 쉽지 않아 보인다.

먼 미래 : 지팡이 5번

안타깝지만 노력과 달리 시간이 흘러도 이직은 어려울 것 같다.

◆상담 후기◆

'실전 심화 마스터 과정 수업'에서 연습한 사례로 후기는 없다. 수업에 참여해 리딩해주신 수강생 분들에게 감사하다.

◆기억하기◆

내가 바라는 것 자리에 부정 카드가 뽑히면 해석할 때 어려움이 있다. 반대로 내가 바라지 않는 것 자리에 긍정 카드가 뽑히는 것 역시 해석이 어려울 수 있다. 신중한 해석이 필요하다.

수강생의 사례를 상담했다. 50대 후반의 여자 내담자이다. 남편과 정말 살기 싫은데 올해(2022년) 안에 이혼할 수 있을까?

타로에 묻다
| 말발굽 배열 |

◆ 한 줄 분석 ◆
이혼이 가능하다고 읽을 수 있는 카드가 없다.

◆ 리아의 해석 ◆
현재 상황 : 검 2번

이혼 생각은 간절하다고 읽을 수 있다. 그러나 이런저런 현실적인 문제가 있어 스트레스를 많이 받고 있다. 결혼 생활 유지와 이혼 중에 어느 쪽 결정이든 결코 가볍지 않다. 갈팡질팡한 상태로 확실한 결심을 한 것은 아니다.

내가 바라는 것 : 펜타클 여왕

이해관계자 중 누구일까? 내담자로 읽어 이혼 후 자리 잡을 때 필요한 만큼의 금전적인 재산 분할을 원한다.

내가 바라지 않는 것 : 검 기사

이해관계자 중 누구일까? 남편으로 읽어 책임감이 있는 카드로 이혼해주지 않을 것 같아 걱정된다.

가까운 미래 : 지팡이 왕

이해관계자 중 누구일까? 내담자로 읽는다면 이혼 준비를 한다.

남편으로 읽는다면 바라지 않는 것 자리 검 기사 카드와 연결할 수 있다. 이제라도 책임감을 느껴 남편 노릇을 한다고 읽을 수 있다. 먼 미래 자리 펜타클 7번을 감안해 지팡이 왕 카드는 내담자라기보다는 남편으로 읽어야 한다.

먼 미래 : 펜타클 7번

이혼하지 못하고 결혼 생활을 유지하게 된다. 계속해서 금전적인 문제가 발생할 것이다. 이혼 사유로 내가 바라는 것 자리의 펜타클 여왕과 연결하여 금전적인 부분이 크게 차지한다고 읽을 수 있다.

◆상담 후기◆

"남편은 자신이 사고 싶은 것, 하고 싶은 것을 다 하면서 6년째 생활비를 한 푼도 주지 않아요. 쉬는 날에도 자주 외출하고요. 생활비를 주지 않으니 친정에 돈을 빌리며 빚만 늘어가고 있어요. 자녀들은 이혼 문제도 원하는 대로 하라고 합니다. 얼마 전에는 남편이 기다려 보라며 얼마의 생활비를 주겠다고 약속했어요."

두 달이 지나고 다시 확인한 결과, 남편은 생활비를 주긴 하였으나 그것만으로는 턱없이 부족하다. 내담자는 모아둔 돈도 다 쓰고 더 이상 친정에서도 도움을 받을 수 없다고 했다. 그렇지만 이혼 후의 삶이 막막해 이혼하지 않기로 결정했다고 전해주었다.

◆기억하기◆

타로 78장 중 이혼으로 읽을 수 있는 카드는 몇 장밖에 되지 않는다. 그 카드가 무엇인지 고민이 필요하다.

1. 매직 세븐 배열 의미

시간의 흐름이 반영되어 있다. 흐름 뒤에 모든 자리를 아우르는 결과 자리가
있다.

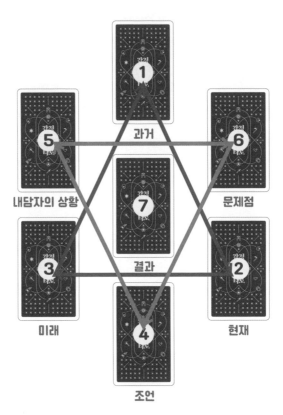

1번 과거

현재 상황이 일어나기 이전의 과거 상황을 의미한다.

2번 현재

질문하는 지금의 현재 상황을 의미한다.

3번 미래

앞으로 다가올 미래 상황을 의미한다.

4번 조언(해결책, 실마리)

현재에 머물며 좀 더 쉽게 문제를 해결할 수 있는 실마리를 의미한다.

5-1번 내담자의 상황·주변 환경 중 선택

질문의 이해관계자가 없을 때 현재에 머물며 내담자의 상황이나 주변 환경이 미치는 영향을 의미한다.

5-2번 상대의 상황·주변 환경 중 선택

질문의 이해관계자가 있을 때 현재에 머물며 상대의 상황이나 주변 환경이 미치는 영향을 의미한다.

6번 문제점(장애물)

현재에 머물며 직접적인 영향을 미치는 부정적인 요인을 의미한다.

7번 결과(최종 결과)

1번 과거, 2번 현재, 3번 미래, 5번 상황·주변 환경, 6번 문제점 자리를 모두 아우르는 미래의 최종 결과를 의미한다.

2. 매직 세븐 배열 개념

1번, 2번, 3번의 정삼각형 ▸【시간의 흐름 변화】

정삼각형을 이루는 자리는 시간적인 배열로 불, 양, 남자, 상승을 의미한다.

4번, 5번, 6번의 역삼각형 ▸【질문의 현재에 머물며 공간적인 상호 영향】

역삼각형을 이루는 자리는 공간적인 배열로 물, 음, 여자, 하강을 의미한다.

4번 조언 ▸ 최종 결과 자리까지 해석한 후 참고해서 읽어야 한다.

고등학교 1학년 아들의 기말고사 성적이 궁금하다. 전교 1등을 하면 상금으로 200만 원을 주기로 약속했다. 전교 1등이 가능할까?

타로에 묻다
┃ 매직 세븐 배열 ┃

◆ 한 줄 분석 ◆

타로를 뽑은 시점은 시험을 치른 후라는 걸 감안해야 한다. 조언 자리 지팡이 9번 카드 해석이 중요하다.

◆ 리아의 해석 ◆

과거 : 컵 5번

시험을 치르기 전에 1등을 못할 수도 있다는 좌절감이 표현되었다. 그러나 세워져 있는 컵 두 개의 희망이 남아 있다.

현재 : 펜타클 2번

시험을 치르고 난 후에는 기대하며 자신만만하다. 그러나 1등을 할 수 있는 편안한 상황은 아니다.

미래 : 펜타클 왕

이해관계자 중 누구일까? 내담자라면 약속한 상금을 줘야 하니 계산적이 된다. 한편으로 아들이 1등을 기대할 만큼 공부를 잘한다는 게 기분 좋다.

아들이라면 1등이 아니어도 등수가 잘 나올 테니 일부라도 상금을 받아야 한다고 생각한다. 누가 됐든 자신에게 유리한 쪽으로 계산하게 된다고 볼 수 있다. 그래서 전교 1등이 아니어도 상금을 주는지 내담자에게 확인하였다. 1등이 아니어도 상금 100만 원을 준다는 답을 들었다.

아들의 주변 환경 : 8번 힘

아들만큼 노력하는 친구들이 있다. 경쟁자로 읽었다. 그렇기에 많은 노력이 필요하다.

문제점 : 펜타클 6번

노력한 만큼의 만족스러운 등수는 아니다. 1등은 어려운 상황이다.

결과 : 컵 여왕

이해관계자 중 누구일까? 누구더라도 기대만큼의 만족은 아니다. 따라서 전교 1등은 어려울 것이다.

조언 : 지팡이 9번

그래도 아들의 노력과 실력으로 지금까지의 성적은 유지하게 될 것이다. 전교 1등은 어렵지만 5등 안에는 들 것으로 예상한다.

예상하지 못한 과목에서 감점이 있었다고 한다. 과목마다 등수를 매겨서 정확한 전교 등수는 알 수 없었지만, 5등 안에는 들 것으로 예상되어 아들에게 상금의 절반인 100만 원을 주었다는 후기다.

◆ **기억하기** ◆

첫 번째, 많은 분이 매직 세븐 배열의 정삼각형과 역삼각형을 흐트러트려 배열한다. 자리의 위치를 정확하게 배치하는 것이 중요하다.

두 번째, 조언은 결과를 해석한 후 가장 마지막에 읽어야 한다. 많은 사람이 뽑는 순서에 의해 과거, 현재, 미래를 읽고 네 번째 자리 조언을 읽기도 하지만 바람직하지 않다. 결과까지 읽어야 어떤 조언을 할지 명확해진다. 꼭 기억하길 바란다.

지인에게 돈을 빌려주고 2년 넘게 돌려받지 못하고 있다. 만나서 공증을
받기로 약속했다. 공증을 쓸 수 있을까? 내담자는 감정이입이 우려되어
친구가 대신 카드를 뽑았다.

타로에 묻다
| 매직 세븐 배열 |

✦ 한 줄 분석 ✦
공증 수수료를 누가 부담하는지 확인해야 한다. 채무자는 그 비용을 부담하
면서까지 공증하지 않을 것이다.

◆ 리아의 해석 ◆

리딩에 앞서 공증 수수료는 누가 부담하는지 내담자에게 질문하였다.

> 김리아 : 공증 비용은 누가 부담하기로 했나요?
>
> 내담자 : 제가 부담하기로 했어요.

과거 : 지팡이 5번

빌려주기 전까지는 '빌려 받는 사람이 을'이었겠지만 빌려주는 순간부터는 '빌려준 사람이 을'이 된다. 예전부터 공증을 받고자 했으나 뜻대로 해결되지 않아 속상하다.

현재 : 17번 별

공증을 해준다니 희망이 생긴다.

미래 : 14번 절제

현재 자리 17번 별 카드의 희망이 약해지는 느낌이다. 두 개의 카드를 연결할 때 빌려 간 채무자는 공증하겠다고 했지만, 시간이 지나면서 망설임이 생길 것이다.

채무자의 상황 : 펜타클 시종

채무자는 빌린 돈을 조금씩이라도 갚고자 공증을 쓸 생각은 있다.

문제점 : 6번 연인

상대는 내 맘 같지 않다. 어쩌면 나오지 않거나 날짜를 미룰 수 있다. 혹은 무턱대고 자신을 믿어달라고 할 수 있다. 만나기로 한 장소에 나오기만 해도 다행이다.

결과 : 8번 힘

그림에서 사자를 다루듯 공증받는 과정이 쉽지만은 않을 거라 읽을 수 있다. 이미 2년이라는 시간 동안 마음고생을 겪었다. 이제는 마무리가 잘 되면 좋겠지만 14번 절제 카드와의 연결에서 아쉬움이 느껴진다. 공증 비용을 내담자가 낸다고 하니 다행이다. 그렇더라도 상환 기간이나 이자와 관련해서 상대가 원하는 만큼 양보해야 긍정의 결과가 나올 수 있다는 점을 감안해야 한다.

조언 : 지팡이 2번
결과 자리 8번 힘 카드와 연결하여 상대방이 약속 장소에 나오면 어떤 이야기를 하든 무조건 공증을 받아야 한다. 혹시 나오지 않는다면 그동안 통화 녹취가 있으면 좋겠다. 혹시 없다면 지금부터라도 녹음하길 바란다. 빌려준 금액을 제대로 갚지 않는다면 경찰서에 고소하거나 소송도 고민해야 한다.

◆상담 후기◆

"강력하게 저의 생각과 권리를 주장하고 싶었지만 타로가 계속 생각났어요. 14번 절제 카드가 가장 기억에 남더라고요. 이대로라면 무용지물이 될 것 같아서 결국 한발 양보하고 공증을 썼습니다. 한 달이라도 정해 놓은 금액이 연체되면 통장이나 재산 압류를 바로 집행할 수 있는 공증을 받아 지금은 편안합니다."
앞에서 이야기한 것처럼 공증 수수료는 채권자인 내담자가 부담하였다. 사전에 2년 상환하기로 약속했었는데 다시 실랑이가 벌어져 논쟁 끝에 3년 상환으로 합의하고 공증을 받아냈다는 후기다.

◆기억하기◆

처음 접하는 질문이나, 조심스러운 이야기 또는 '공증' 사례처럼 어려운 문제일 경우 내담자에게 전반적인 내용을 확인하면서 상담하면 잘 이끌어갈 수 있다.

수강생의 제부는 건물 시설 전산 관리 업종으로 비정규직이다. 현재 회사에서 처음 계약과 달리 재계약 때마다 연봉이 낮아지는 상황이다. 전 직장에서 새로운 조건으로 이직 제안이 왔다. 이직하면 원하는 조건으로 계약이 될까?

타로에 묻다
| 매직 세븐 배열 |

◆ 한 줄 분석 ◆

조언 자리 15번 악마 카드가 인상적이다. 유혹에서 빠져나와야 한다.

❖ 리아의 해석 ❖

과거 : 검 기사
이해관계자 중 누구일까? 내담자로 읽어 제안받았을 때 다시 전 직장으로 달려가고 싶었다.

현재 : 6번 연인
아무래도 이직하고 싶은 마음이 계속 든다.

미래 : 검 에이스
이직으로 결정할 것이다.

제안자의 주변 환경 : 컵 7번
제안자의 회사에서 사실과 다르게 부풀려 이직을 제안하는 분위기가 엿보인다.

문제점 : 지팡이 9번
지금보다 훨씬 업무가 늘어나 바쁘고 힘든 상황이 될 수 있다.

결과 : 검 5번
패배자의 입장으로 읽어 '이직하는 게 아닌데…' 하고 후회할 것 같다.

조언 : 15번 악마
당장은 달콤한 유혹이다. 사실과 다른 부분이 있다. 좀 더 근무 조건을 알아보고 신중하게 판단하길 바란다.

❖ 상담 후기 ❖

"제부가 타로 조언을 듣고 다시 확인하였어요. 전 직장에서는 전산관리소장 경력이 필요한데, 사람이 없다 보니 우선 고용하고 괜찮으면 1년씩 연장 계약을 할 생각이었다고 하더라고요. 정중하게 거절했다고 합니다."
제안에서 듣지 못한 새로운 사실을 알게 되어 다행이다. 문제가 되는 악마의 유혹이었다. 덧붙여 지금 직장은 비정규직이지만 시간적 여유가 많아 마음이 편하다고 한다. 월급은 좀 줄었지만 정년까지 보장될 것 같아 열심히 다녀야겠다고 후기를 남겨주었다.

◆ 기억하기 ◆

검 5번 카드는 편법을 사용하여 비열하게 승리한 자와, 편법에 의해 패배한 자 의미가 있다.

 사례 35

2개월 뒤에 남편 승진이 궁금한 내담자다. 연말이 지나고 1월에 남편이
승진할 수 있을까?

타로에 묻다
| 매직 세븐 배열 |

◆ 한 줄 분석 ◆
조언 자리 검 왕 카드 해석이 중요하다.

◆ 리아의 해석 ◆

과거 : 펜타클 2번
승진할 수 있을 거라는 기대가 있다.

현재 : 현재 컵 2번
승진의 기대가 현재까지 이어오고 있다. 또한 승진에 힘을 실어주는 사람이 있어 같이 소통하고 있다.

미래 : 17번 별
앞으로 승진의 희망은 있다. 그렇다고 확실하게 승진이라 읽을 수 있는 카드는 아니다. 두려움 없이 목표를 분명히 설정하고 꾸준하게 노력할 때 그 희망이 이루어진다.

직장 주변 환경 : 펜타클 3번
서로 상부상조하는 분위기이다. 현재 자리 컵 2번 카드와 연결점도 있다.

문제점 : 지팡이 4번
그러나 승진할 거라고 김칫국부터 마시며 기대하는 모양새다. 미리 축하를 나누는 것은 금물이다.

결과 : 컵 시종
이해관계자 중 누구일까? 내담자나 남편의 간절함이 반영되어 있다. 꼭 승진하고 싶은 간절한 마음이다. 시종 계급은 그 힘이 부족하여 승진이 어렵다. 문제점 자리 지팡이 4번 카드에서 미리 승진을 안심하기보다는 준비가 필요하단 걸 알 수 있다.

조언 : 검 왕
이해관계자 중 누구일까? 직장 주변 환경 자리의 상부상조하는 펜타클 3번 카드를 연결할 때 도움을 주고자 승진의 열쇠를 쥐고 있는 검 왕이다.

김리아 : 남편의 승진을 돕고자 열쇠를 쥐고 있는 사람이 있나요?

내담자 : 네. 남편의 상사입니다. 상사가 승진할 경우 상사가 믿고 있는 남편이 그 자리로 승진할 수 있어요. 상사가 승진이 안 되면 남편도 승진이 어려워요.

그렇다면 문제점 자리 지팡이 4번 카드에서 승진할 거라고 김칫국부터 마시며 기대하는 모양새는 검 왕인 상사의 승진을 확신한다는 것이라 읽을 수도 있다. 상사가 임원으로 승진하게 되면 그 자리는 공석이 된다. 그렇게 되면 신임받는 남편에게 기회가 올 수 있다는 계산에서 말이다.

시간이 얼마 남지 않은 만큼 남편은 상사가 승진할 수 있도록 뒷받침을 잘해야 한다. 실적과 관련되어 있다면 남편이 실적을 세워서 그 공이 상사에게 갈 수 있도록 해야만 한다. 그리하면 동반 승진할 수 있다는 조언으로 상담을 마무리했다.

◆상담 후기◆

4개월이 지나서 소식을 들었다. 남편은 그사이 열심히 노력하였고, 상사가 승진하고 그 자리로 승진하게 되었다는 후기다.

◆기억하기◆

뽑힌 카드를 서로 연결하며 읽어야 오류를 줄일 수 있다.

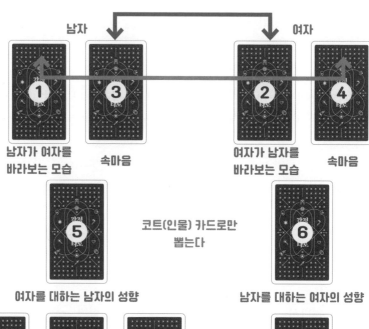

남자   여자

① 남자가 여자를 바라보는 모습

③ 속마음

② 여자가 남자를 바라보는 모습

④ 속마음

코트(인물) 카드로만 뽑는다

⑤ 여자를 대하는 남자의 성향

⑥ 남자를 대하는 여자의 성향

남자가 여자에게 하는 행동

여자의 반응

최종 결과(미래의 결과)

1. 상호관계 배열 의미

코트(인물) 카드 16장을 별도로 구성하여 5번과 6번 자리에 배열한다. 남자와 여자의 위치는 바뀌어도 상관없다. 연인이나 부부 관계뿐만 아니라 부모와 자녀 관계, 친구 관계, 동료 관계 등 구체적인 내용을 파악할 수 있는 배열이다.

1번 남자가 여자를 바라보는 모습

남자는 여자가 나에게 하는 태도나 마음을 보고 있다.

2번 여자가 남자를 바라보는 모습

여자는 남자가 나에게 하는 태도나 마음을 보고 있다.

3번 남자의 속마음

현재 남자가 여자를 생각하는 속마음이다.

4번 여자의 속마음

현재 여자가 남자를 생각하는 속마음이다.

5번 여자를 대하는 남자의 성향

둘의 관계에서 남자가 여자를 대하는 독특한 성향을 의미한다.
반드시 코트(인물) 카드 16장에서 별도로 뽑는다.

6번 남자를 대하는 여자의 성향

둘의 관계에서 여자가 남자를 대하는 독특한 성향을 의미한다.
반드시 코트(인물) 카드 16장에서 별도로 뽑는다.

7번, 8번, 9번 남자가 여자에게 하는 행동

평상시 남자가 여자에게 하는 세 가지의 행동을 의미한다.

10번 여자의 반응

남자의 세 가지 행동에 대한 여자의 반응이다.

11번 최종 결과
둘의 관계에서 미래의 최종 결과를 의미한다.

2. 상호관계 배열 개념

서로의 상황과 마음을 알 수 있기 때문에 의미를 정확하게 알고 있어야 한다.

1번 남자가 여자를 바라보는 모습 / 2번 여자가 남자를 바라보는 모습

각자 상대의 카드다.

상대를 바라보는 모습(관점·시각)이란? 상대의 모습으로 태도나 마음 또는
현상을 관찰하며 보고 있다.

3번 남자의 속마음 / 4번 여자의 속마음

각자 나의 카드다.

상대를 생각하는 속마음이란? 겉으로 드러나지 않는 실제 나의 마음이다.

3. 주의사항

해석의 차이를 정확하게 알아야 한다.

1번 남자가 여자를 바라보는 모습 + 4번 여자의 속마음

상대 카드. 동일 인물의 태도와 속마음으로 읽는다.

3번 남자의 속마음 + 2번 여자가 남자를 바라보는 모습

나의 카드. 동일 인물의 태도와 속마음으로 읽는다.

수강생이 따로 지내는 이십 대 딸과의 관계를 뽑았다.

타로에 묻다
ㅣ상호관계 배열ㅣ

딸   엄마

상대를 바라보는 모습과 속마음 해석이 헷갈린다. 신중하게 해석해야 한다.

◇ 리아의 해석 ◇

딸이 엄마를 바라보는 모습 : 펜타클 10번

엄마가 자신을 데면데면하게 대하는 모습을 보고 있다.

딸이 엄마를 생각하는 속마음 : 17번 별

엄마의 그런 모습을 보고 있자니 서운하기도 하다. 그럼에도 엄마와 좀 더 편안하게 잘 지낼 수 있다는 희망을 품고 있다.

엄마가 딸을 바라보는 모습 : 검 4번

딸의 무기력하고 의욕이 없는 모습을 보고 있다.

엄마가 딸을 생각하는 속마음 : 11번 정의

그런 소극적인 딸을 보고 있자니 속상하다. 딸만 생각하면 스트레스를 많이 받고 있다.

딸이 엄마를 대하는 성향 : 컵 기사

딸은 엄마를 사랑한다. 다정하게 다가간다.

엄마가 딸을 대하는 성향 : 검 왕

그러나 엄마는 딸에게 냉정하고 단호하게 대하며 차갑다.

딸이 엄마를 대하는 행동 : 지팡이 4번, 검 에이스, 15번 악마

딸은 엄마를 기쁘게 해주고 싶고, 사랑하는 표현을 얼마나 하고 싶은지 모른다. 각자 사는 집은 다르지만 매력적인 엄마 옆에 꼭 붙어서 언제든 함께 하려고 행동한다.

엄마의 반응 : 4번 황제

하지만 엄마는 표현이 거칠며 검 왕과 4번 황제 카드를 연결할 때 말과 행동이 냉정하다. 엄마의 따뜻한 모습은 찾을 수 없다.

김리아 : 구체적인 이유가 있을까요?

수강생 : 딸은 뒤로 물러나 소극적으로 행동하면서 말이 없어요.
예를 들어 어디가 아파도 말을 하지 않아요. 전화하면 병원이라고 해요. 어디가 아픈지 물으면 그냥 입원했다고 합니다. 아프다고 이야기하고 같이 병원을 가면 되는데 얼마나 놀라는지 정말 속상해요.

김리아 : 딸이 말하지 않는 이유가 무엇일까요? 엄마가 걱정할까 봐 알리지 않고 혼자서 해결하려는 것이지요. 딸의 마음과 달리 엄마는 알리지 않은 것에 놀라고 못내 화가 납니다. 그러다 보니 딸에게 화를 내고 윽박지르는 것이지요. 이런 반복이 힘든 딸은 엄마 걱정을 덜어드리기 위해 오히려 더 입을 닫게 됩니다. 그 부분이 검 4번 카드로 표현되었습니다. 이해되실까요?

수강생 : 아…. 그런 것 같아요.

김리아 : 딸의 입장을 헤아리셔야 합니다. 선생님은 말하지 않는 딸 때문에 속상하겠지만, 차가운 표현과 거친 말을 듣는 딸은 선생님보다 더 아프고 힘들 수 있습니다. 그럼에도 불구하고 딸은 엄마를 더없이 사랑합니다. 이제라도 딸을 따뜻하게 보듬어주세요. 선생님이 변화해야 합니다.

최종 결과 : 지팡이 여왕
앞으로 어느 한쪽에서 관계 개선을 위해 노력할 것이다.

❖추가질문❖

지팡이 여왕으로 볼 수 있는, 노력하는 사람이 누구일까?
갈라서 보기를 해본다.
딸이 지팡이 여왕인가? ▸ 9번 은둔자
엄마가 지팡이 여왕인가? ▸ 20번 심판

✦추가 해석✦

딸이 지팡이 여왕 : 9번 은둔자

소통에 있어 어려움이 있다. 따라서 딸이 노력한다고 읽기 어렵다.

엄마가 지팡이 여왕 : 20번 심판

이제부터 관계 개선을 위해 많은 생각을 하게 될 것이다. 따라서 엄마가 노력하게 될 거라 읽을 수 있다. 상담을 통해 아마도 변화가 생기지 않을까 예상해 본다.

✦상담 후기✦

내 입장에서만 생각하며 그동안 속상하게만 하는 딸이라 여겼는데, 딸의 아픔에 대해 생각해보는 계기가 되었다고 한다. 말 한마디라도 따뜻하게 전하려 노력하였고, 딸과의 관계가 훨씬 편안해졌다는 후기다.

✦기억하기✦

엄마로 해석되는 검 왕과 4번 황제 카드의 합쳐진 강도를 온전히 느껴야 한다. 타로 해석을 통해 내담자의 사연을 이끌어낼 수 있는 힘이 있으면 좋겠다.

수강생이 여동생과의 관계를 뽑았다.

타로에 묻다
| 상호관계 배열 |

여동생   언니

언니 같은 동생이다.

◆ 수강생과 리아의 해석 ◆

동생이 언니를 바라보는 관점 : 펜타클 7번

    수강생 : 망설이지 않고 행동하면 좋을 텐데, 행동하지 않는 모습을 보고 있다.

    김리아 : 언니가 나를 만족스럽지 않게 여기고 있는 것을 보고 있다.

동생이 언니를 생각하는 속마음 : 컵 9번

    수강생 : 무언가 이야기하지 않는 부분도 있겠지만, 그 자체로 만족한다.

    김리아 : 검 왕 카드와 연결하여 내가 원하는 대로 언니가 끌려오기 때문에 나는 언니에게 만족한다.

언니가 동생을 바라보는 관점 : 검 왕

    수강생 : 조금은 독단적이고 자기 의지대로 하는 모습이다.

    김리아 : 동생이 언니처럼 느껴질 때도 있다. 강한 동생을 보고 있다.

언니가 동생을 생각하는 속마음 : 컵 3번

    수강생 : 화합하며 잘 지내고 있다.

    김리아 : 동생이 문제 해결이나 이끌어가는 부분에 있어 마음이 불편하지 않다.

동생이 언니를 대하는 성향 : 컵 시종

    수강생 : 아이디어가 많다.

    김리아 : 동생은 챙겨주고 싶은 언니를 좋아한다.

언니가 동생을 대하는 성향 : 펜타클 기사

    수강생 : 행동하지는 않고 동생에게서 홍시가 떨어지기를 기다리고 있는 것 같다.

김리아 : 동생이 하는 대로 지켜보고 있다. 딱히 내가 도움 줄 부분이 없어 편하기도 하다.

동생이 언니에게 하는 행동 : 펜타클 2번, 7번 전차, 펜타클 4번

수강생 : 이거 할까? 저거 할까? 고민도 하고 때로는 전차처럼 급하기도 하지만 그래도 잘 지켜내고 있다.

김리아 : 관계를 이어가면서 언니를 책임지고자 하는 생활력 강한 동생의 의지가 펜타클 4번 카드 그림처럼 펜타클을 꽉 잡은 행동으로 나타난다.

언니의 반응 : 컵 2번

수강생 : 동생에게 이제 뭔가 해야 하지 않냐고 얘기하는 것 같다.

김리아 : 나는 동생이 먼저 챙기고 행동하며 주도하는 관계로 소통을 이어나가는 것이 편하고 좋다.

최종 결과 : 검 6번

수강생 : 답답한 상태로 무언가 하려고 하지 않을 것이다.

김리아 : 앞으로의 관계는 생각이 다르고 갈등이 생길 수도 있다. 그렇더라도 문제삼지 않고 지낼 것이다.

✦상담 후기✦

"부모님은 돌아가시고 맏이인 나와 여동생, 남동생 각자 가정을 꾸리고 있어요. 여동생이 언니 같은 동생이 딱 맞습니다. 가족과 관계된 일에서 남동생과 나를 이끌어가며, 책임감이 강하여 선택과 결정을 잘합니다."
누구보다 믿을 수 있는 동생이기에 의지하게 된다는 후기다.

✦기억하기✦

펜타클 기사는 변화보다 안정이 우선이기 때문에 신중하게 지켜보는 성향이다.

수강생이 대학생 아들과의 관계를 뽑았다.

타로에 묻다
| 상호관계 배열 |

<table>
<tr><td align="center">아들</td><td align="center">엄마</td></tr>
</table>

◈ 한 줄 분석 ◈

온전히 너와 나의 관계로만 읽어야 한다.

◈ 리아의 해석 ◈

아들이 엄마를 바라보는 관점 : 컵 10번

엄마가 나를 생각하기만 하면 행복하게 여기는 모습을 보고 있다.

아들이 엄마를 생각하는 속마음 : 20번 심판

아들은 엄마가 비록 나를 아프게 할지라도 정말 사랑한다. 엄마를 포기할
수 없다.

엄마가 아들을 바라보는 관점 : 지팡이 3번

아들이 항상 엄마에게 집중하며 관심 갖는 모습을 보고 있다.

엄마가 아들을 생각하는 속마음 : 14번 절제

    김리아 : 아들에게 적극적으로 표현하지 못하는 부분이 무엇인가요?

    내담자 : 아들이 제주도에서 지내고 있어서 만나러 가지 못하는 부분입
            니다.

아들이 엄마를 대하는 성향 : 컵 왕

아들은 성숙한 모습으로 엄마를 대한다. 부드럽고 자상하고 늘 엄마를 신경
쓰며 사랑을 표현한다.

엄마가 아들을 대하는 성향 : 컵 시종

엄마 역시 아들을 얼마나 사랑하는지 진심으로 아들에게 사랑을 전한다.

아들이 엄마에게 하는 행동 : 펜타클 여왕, 2번 여사제, 검 10번

엄마를 보살피고자 하는 마음으로 행동한다. 엄마에게 말로 다 표현하지 못
하는 아픔이 있다. 하지만 내색하지 않으려 한다. 엄마에게 사랑하는 나의
진실함만 전하고 싶다. 그렇더라도 상처는 어쩔 수 없는 것일까? 상처를 딛고
엄마를 위해 무엇을 해야 하나 고민을 하게 된다.

김리아 : 아들이 말하지 않지만 엄마에게 받은 상처가 있습니다. 아들로 해석되는 20번 심판, 2번 여사제, 검 10번 카드에서 그 상처가 크다고 할 수 있습니다. 무엇인지 알고 있나요?

내담자 : 네. 20년 전에 남편과 헤어졌어요. 아들은 아빠와 제주도에서 지내며 저와는 연락만 주고받고 있어요. 한동안 연락조차 주고받지 못하는 상황도 있었어요.

엄마의 반응 : 9번 은둔자

아들과 지역적으로 멀리 떨어져 지내면서 만나지 못하는 고립된 상황이다. 외롭지만 견딜 만하다. 그림처럼 등불을 밝히듯 아들에게 힘이 되어주고 싶다.

최종 결과 : 검 시종

앞으로 서로가 못 미덥고 답답할 수 있다. 이해관계자 중 누구일까?

아들이 검 시종이라면 옆에서 엄마를 볼 수가 없으니 걱정이 된다. 사랑하는 엄마가 혼자 지내면서 아프지 않고 경제적으로 어렵지 않게 잘 지낼 수 있을지 의문이 들 수 있다.

엄마가 검 시종이라면 역시나 아들을 옆에서 지켜볼 수가 없어 걱정된다. 성인이 되었지만 험난한 세상을 잘 헤쳐 나갈지 의문이 들 수 있다.

◆상담 후기◆

"한 부모 가정에서 일찍 철든 아들이에요. 어린 시절을 같이 지내지 못한 엄마를 생각하면 많이 속상하고 힘들었을 텐데 표현하지 않아요. 엄마의 사정을 헤아리는지 필요한 것이 있냐고 물으면 항상 없다고만 해요. 용돈을 보내주려 해도 괜찮다고만 합니다. 지금은 전보다 편해졌는지 자격증 시험 준비와 여자친구 이야기도 들려줍니다."

내담자인 수강생이 건강도 안 좋고 경제적으로 어렵다는 것을 알기에 마음이 아팠다. 잘 견디며 살아온 시간만큼 이제는 위로받으며 행복하게 살아가시길 바란다.

❖ **기억하기** ❖
내담자의 사연을 공감하며 감정이입이 되면 좋겠다.

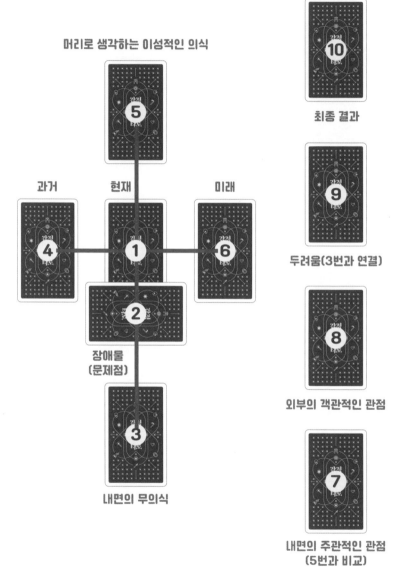

머리로 생각하는 이성적인 의식

5

10

최종 결과

과거

현재

미래

4

1

6

9

두려움(3번과 연결)

2

장애물
(문제점)

8

외부의 객관적인 관점

3

내면의 무의식

7

내면의 주관적인 관점
(5번과 비교)

1. 켈틱 크로스 배열 의미

시간의 흐름이 반영되어 있다. 흐름 뒤에 모든 자리를 아우르는 결과 자리가
있다.

1번 현재

질문하는 지금의 현재 상황을 의미한다.

2번 문제점(장애물)

1번 현재 상황을 가로질렀다고 표현한다. 현재 상황을 가로막으며 직접적인
영향을 주는 부정적인 요인을 의미한다.

3번 내면의 무의식

스스로 깨닫지 못하는 심리적 상태를 말한다. 다시 말하면, 의식되지 않은
정신활동으로 자신의 행위에 대하여 자각이 없는 의식 상태를 의미한다.

4번 과거

현재 상황이 일어나기 이전의 과거 상황을 의미한다.

5번 머리로 생각하는 이성적인 의식

깨어 있는 상태에서 자기 자신이나 상황에 대하여 냉정하게 사물을 가릴 수
있도록 인식하는 것을 의미한다.

6번 미래

앞으로 다가올 미래 상황을 의미한다.

7번 내면의 주관적인 관점(5번과 비교)

자기 자신의 견해나 관점을 기초로 한다. 다시 말하면, 다른 사람과 상관없
이 자신이 생각하는 것을 의미한다.

8번 외부의 객관적인 관점

제삼자의 입장에서 상황을 보거나 생각하는 것을 의미한다.

상황이 부정적으로 발생할 때 내담자가 느끼는 불안과 두려움을 의미한다. 3번 자리 무의식과 연결한다.

10번 최종 결과

모든 자리를 아우르는 미래의 최종 결과를 의미한다.

2. 켈틱 크로스 배열 개념

4번 과거, 1번 현재, 2번 문제점, 6번 미래, 그리고 5번 이성적인 의식, 3번 무의식 자리의 '십자 배열'이 중요하다. 맨 위 5번 자리는 머리에서 이성적으로 의식하므로, 부정적인 카드일 때 불안을 일으켜 불편할 수 있는 정신 영역을 나타낸다. 맨 아래 3번 자리는 인지하지 못하는 심리적 상태로, 부정적인 카드라도 불편하지 않은 정신 영역을 나타낸다.

3. 주의사항

문제점 자리는 78장 모두 '부정 의미'로 읽어야 한다. 부정 카드는 부정 고유의 의미로 해석하면 되지만, 긍정 카드를 부정 의미로 해석하지 못하는 오류를 범하지 말아야 한다. 두려움 자리는 마찬가지로 78장 모두 '불안'을 느끼는 두려움의 의미로 읽어야 한다. 카드 의미에서 두려움이 무엇인가? 결과 자리는 아직 오지 않은 미래로서 모든 자리를 아우르며 마지막 '최종 결과'로 해석해야 한다.

【과거→현재→미래→결과】 시간의 흐름 순으로 뽑아야 한다. 결과를 가장 마지막에 뽑았는데도 【과거→현재→결과→미래】로 순서를 바꾸어 결과 이후의 미래로 읽으면 안 된다.

결과 이후에 미래를 읽으려면 배열의 순서를 【과거→현재→결과→미래】 이렇게 바꾸어야 한다. 순서에서 결과 자리를 먼저 뽑고 최종으로 미래를 뽑아야 한다.

수강생은 다른 사람과 주식 정보를 공유하면서 투자하고 싶은 기업이 있다. C회사의 주식을 사면 성공할까?

　　타로에 묻다
ㅣ켈틱 크로스 배열ㅣ

❖ 한 줄 분석 ❖

질문의 시점은 주식을 사기 전이다. 결과 자리 펜타클 4번 카드의 해석이 중요하다.

❖ 리아의 해석 ❖

과거 : 지팡이 시종

이해관계자 중 누구일까? 내담자로 읽어 C회사의 주식을 사야겠다는 결심이 서기 시작했다.

현재 : 지팡이 3번

주식을 사기 전날이다. 따라서 주식을 사려는 계획을 세우며 집중하고 있다.

문제점 : 검 7번

그림에서 양손으로 다섯 자루 검의 칼날을 잡고 있고, 두 자루의 검은 땅에 박혀 있다. 이처럼 놓치는 부분이 있을 것이다. 주식 상황을 반영하지 못하고 적은 노력으로 큰 이익을 얻고자 한다. 결과 자리 펜타클 4번과 연결하여 이익을 더 많이 내고 싶은 욕심이 문제로 나타나고 있다. 다시 말하면, 낮은 금액으로 사고 싶은 것이다.

내면의 무의식 : 컵 3번

인지하지 못하는 내면에서는 이미 C회사의 주식에 설렘이 있다. 이익에 대한 기대가 앞서나가고 있는 무의식이다.

이성적인 의식 : 컵 2번

내담자가 전한 바와 같이 정보를 공유하는 사람과 소통이 잘되고 있다. 주식을 사고자 하는 마음이 반영되고 있다.

미래 : 컵 8번

그러나 아쉽게도 미련을 남기고 떠나는 상황이 생기겠다.

외부의 객관적인 관점 : 지팡이 7번
주식 매수가 수월하지 않다고 본다. 경쟁자와 연결할 수도 있다. 사려고 하는 사람들 즉 경쟁자가 많아서 원하는 금액으로 사는 것은 어려울 수 있다.

두려움 : 펜타클 기사
이해관계자 중 누구일까? 내담자로 읽어 지켜보고만 있을 뿐 변화가 없을까 두렵다. 다시 말해 주식을 사야 이익을 기대할 수 있는데, 못 사게 되면 수익의 변화가 없어 제자리에 있을까 불안하다는 것이다. 혹은 주식을 산 후에 팔아야 할 시기를 놓칠까 두렵다.

최종 결과 : 펜타클 4번
문제점 자리 컵 7번과 미래 자리 컵 8번 카드를 연결하여 내담자가 조금 더 저렴하게 사고 싶은 욕심이 커서 결국 주식을 사지 못하게 될 것이다.

◈상담 후기◈

"타로 질문한 다음 날 아침, 조금 더 이익을 보고자 매수 희망 가격을 낮춰 예약하고 기다렸습니다. 그런데 장 마감하는 시간까지 그 금액으로 내려오지 않아서 결국 사지 못했어요."
C회사의 주식이 오르고 있는 상황을 보고만 있게 되어 속상했다는 후기다.

◈기억하기◈
펜타클 4번 카드는 현실적 안정을 이루기도 하지만, 과한 욕심은 손에 잡히지 않는 긍정과 부정의 갈림이 있다.

현재 타로 전화 상담을 하고 있는 수강생이다. 전화 상담을 계속할까?

타로에 묻다
| 켈틱 크로스 배열 |

✦ 한 줄 분석 ✦

현재 자리 펜타클 9번과 문제점 자리 펜타클 5번 카드를 연결한 해석이 중요하다.

✦ 리아의 해석 ✦

과거 : 지팡이 2번

타로의 배움을 확장하고자 전화 상담을 시작했다. 또는 이미 직업이 있는 상태에서 타로 상담을 같이 하고 있다.

　　김리아 : 직업이 있으신가요?

　　내담자 : 학원을 운영하고 있어요. 전화 상담까지 같이 할 수 있나 고민
　　　　　　하다 시작했어요.

현재 : 펜타클 9번

그림에서 노력의 결실이 차곡차곡 쌓여 있는 풍요로운 정원처럼 경험의 풍요를 누리고 있다. 문제점 자리 펜타클 5번 카드를 연결할 때 피곤하고 수입이 생각보다 적더라도 현재 결실을 맺고자 하는 목표는 경험이다. 내담자는 그만큼 경험을 중요시한다는 것을 알 수 있다.

　　김리아 : 전화 상담을 하는 이유가 경험을 쌓기 위함인가요?

　　내담자 : 운영하고 있는 학원을 정리하면 타로 상점을 차릴 계획이라 많
　　　　　　은 경험이 필요합니다.

문제점 : 펜타클 5번

　　김리아 : 그러나 밤늦은 시간까지 상담하면 몹시 피곤하겠어요. 전화 상
　　　　　　담 수수료가 많지도 않고요?

　　내담자 : 퇴근 후에 상담을 시작하면 그때부터 몸이 너무 긴장돼요. 마
　　　　　　음도 편안하지 않고 생각이 너무 많아져 힘듭니다. 상담 수수료
　　　　　　가 적기도 하고요.

내면의 무의식 : 컵 4번

힘든 나머지 관심이 시들시들해지고 흥미도 떨어진다.

이성적인 의식 : 0번 광대

전화 상담을 잠시 내려놓고 좀 편해졌으면 한다. 마음만 있을 뿐 그만두는 결정을 하지는 않는다.

미래 : 펜타클 2번

그림에서 풍랑에 배가 위태롭지만 펜타클 두 개를 무한궤도 안에서 돌리고 있는 모습처럼 '전화 상담을 계속할까?' 질문을 참고할 때 상담을 그만두는 쪽보다는 이어나간다는 쪽으로 기울었다는 것을 읽을 수 있다. 그러므로 당분간 병행하며 계속하겠다.

내면의 주관적인 관점 : 검 여왕

이해관계자 중 누구일까? 내담자로 읽어 이제는 결정이 필요한 시점인 것을 스스로도 알고 있다.

외부의 객관적인 관점 : 컵 10번

주변에서는 학원 운영과 전화 상담 두 가지 일 모두 잘하고 있다고 본다.

두려움 : 펜타클 시종

이해관계자 중 누구일까? 내담자로 읽어 위에서 언급한 학원을 접고 타로 상점을 차리겠다는 계획이 제대로 이루어지지 않을까 두렵다.

최종 결과 : 지팡이 6번

전화 상담을 계속하게 될 것이다. 타로 상담 경험을 쌓기에는 도움이 되겠다.

✦상담 후기✦

"타로를 본 이후에도 전화 상담을 이어갔습니다. 경험에는 여전히 도움이 되었어요. 그런데 타로 문제점 자리에 나온 것처럼, 업체에서 40퍼센트 상담료 할인 행사를 진행해 그만큼 수입이 더 적어졌어요. 그리고 한 내담자가 새벽마다 상담을 신청해서 일상생활이 어려울 정도로 너무 피곤해요."

2개월 지난 시점에서는 쉬고 있다고 한다. 덧붙여 경험 쌓기 위해 토요일 하루만 지인의 타로 상점에서 상담을 이어가고 있다고 전했다.

◈ 기억하기 ◈

업체들은 항상 지원 신청을 받고 있다. 여러분들도 전화 상담으로 다양한 경험을 해보길 권한다.

끝내며

저자의 말

타로를 공부한 지 2개월 만에 강의를 시작한 김리아! 조금은 남달랐을까? 2017년 2월, 타로에 입문하고 밤새워 단기간에 머릿속에 쏙쏙 집어넣으며 이해하기 시작했다. 3월에 타로 밴드에서 리딩 연습을 하는 중에 수업을 해 달라는 요청을 여러 번 받았다. 당돌했던 김리아는 2017년 4월에 첫 강의를 시작했다. 그렇게 네이버 밴드 '리아의 타로 이야기'가 시작됐다.

그동안 타로 상담과 강의를 통해 배운 것이 참으로 많다. 내담자와 수강생들은 더할 나위 없는 스승이 되어 주었다. 사례 후기는 1년이 지나서도 확인했다. 나의 해석이 맞았을 때, 그 짜릿함과 감흥! 설렜다. 맞지 않았을 때는 타로의 의미를 되짚어 보기 시작했다. 그러면서 해석의 오류를 줄여나갈 수 있었다. 특히, '이해관계자 중 누구일까?'와 '갈라서 보기'는 김리아만의 전매특허이다. 여러분들도 잘 활용하면 좋겠다.

타로로 섣부르게 단정하기보다 공감하고 위로하는 것을 우선시했다. 내담자에게 들려주는 말은 곧 나 자신에게 하는 격려이기도 했다. 많은 내담자의 아픔을 들으며 눈시울을 적셨다. 이렇게 타로로 소통하다 보니 소중한 간접경험이 쌓였다.

거창한 조언을 할 필요는 없다. 상담하는 동안 내담자의 감정에 집중하다 보면 진솔한 이야기를 주고받을 수 있다. 사연을 그저 들어주기만 해도 잠시나마 내담자는 마음 치유가 된다고 말한다. 그분들이 있어서 책 출간까지 용기내 도전할 수 있었다. 《감정 읽기 리아 타로》를 통해 미래 예측과 감정 공감 두 마리 토끼를 다 잡기를 소망한다.

매력적인 타로의 세계로 나를 연결해준 박진희 언니에게 감사함을 전한다. '리아의 타로 이야기' 밴드를 함께 운영하며 동반자로 질적인 지식을 전해준 설아 밴드지기에게도 감사하다. 밴드 협력 기관인 한국심리상담 목동 지점 센터장 어수경 박사와 같이 일할 수 있어서 감사하다. 그리고 원고를 쓰는 동안 응원과 격려를 아끼지 않고, 책 구상에 도움을 준 손혜경 선생님께 특별히 감사의 마음을 전한다.

1년 6개월이라는 시간 동안 생각만 하고 미루기만 했는데 2021년 12월 타로 유튜브 영상을 제작할 수 있게 프로그램 사용법을 알려준 우리 두 아들, 사랑한다. 무조건 지지해주는 나의 낭군 그대, 감사하오!

타로 분석가 김리아

감정 읽기 리아 타로

초판 1쇄 발행 2023년 8월 8일

지은이 김리아
펴낸이 유지서

펴낸곳 이야기공간 ✦ **출판등록** 2020년 1월 16일 제2020-000003호
주소 04071 서울특별시 마포구 독막로 10, 성지빌딩 606호 (합정동)
전화 070-4115-0330 ✦ **팩스** 0504-330-6726 ✦ **이메일** story-js99@nate.com
블로그 blog.naver.com/story_js2020
인스타그램 https://www.instagram.com/the_story.space/
유튜브 https://www.youtube.com/channel/UCGc7DD4pxilIHPBU-b-kX5Q
이야기공간스토어 https://smartstore.naver.com/storyspace

편집 홍지회 ✦ **디자인** 책은우주다, 김소연
마케팅 김영란, 신경범, 우이, 육민애
경영지원 카운트북countbook@naver.com ✦ **인쇄·제작** 미래피앤피yswiss@hanmail.net
배본사 런닝북runrunbook@naver.com ✦ **전자책 제작** 롤링다이스everbooger@gmail.com

ⓒ 2023, 김리아
ISBN 979-11-93098-05-9(03180)

• 이 책은 텀블벅 펀딩 목표금액의 270% 이상 달성으로 제작되었습니다.
이야기공간스토어에서 감사 굿즈인 타로 스티커 북과
행복(컵10), 능력자(마법사), 풍요(여황제) 북마크 3종을
본책과 세트 혹은 별도로 한정 판매합니다.